75号咖啡
法律的味道
（第一辑）

特邀主编／梁根林
主　　编／陶建平

中国检察出版社

图书在版编目（CIP）数据

75 号咖啡：法律的味道 . 第一辑 / 陶建平主编 . — 北京：中国检察出版社，2019.9
ISBN 978-7-5102-2321-1

Ⅰ . ① 7… Ⅱ . ①陶… Ⅲ . ①法律—研究—中国 Ⅳ . ① D920.4

中国版本图书馆 CIP 数据核字（2019）第 182308 号

75 号咖啡：法律的味道（第一辑）

特邀主编　梁根林　主编　陶建平

出版发行	中国检察出版社
社　　址	北京市石景山区香山南路 109 号（100144）
网　　址	中国检察出版社（www.zgjccbs.com）
编辑电话	（010）86423703
发行电话	（010）86423726　86423727　86423728
	（010）86423730　68650016
经　　销	新华书店
印　　刷	北京联合互通彩色印刷有限公司
开　　本	710mm×960mm　16 开
印　　张	13
字　　数	194 千字
版　　次	2020 年 9 月第一版　2020 年 9 月第一次印刷
书　　号	ISBN 978-7-5102-2321-1
定　　价	60.00 元

检察版图书，版权所有，侵权必究
如遇图书印装质量问题本社负责调换

咖啡浸润 学术香

法治不仅是规则之治，而且是良法之治，更是根据良法进行善治。只有将法律条文通过行为规范与裁判规范表达的抽象公平正义，结合个案的具体情况与司法的具体语境，合目的、合理性与合逻辑、合法理地适用于个案之中，"努力让人民群众在每一个司法案件中都感受到公平正义"，国民的法律自由、安全与社会的稳定、法秩序的权威才能切实得到保障。

我从事刑法学的学习、教学与研究整整四十年。在汲取了早年的本本主义、教条主义的教训基础上，最近这20年来，我一方面不断地学习域外最新刑法理论，结合我国刑法规定，参与推动建构逻辑自洽、功能自足的中国刑法理论体系；另一方面则时刻提醒自己认真、虚心向实务学习，注意从中国丰富而复杂的司法实践中汲取智慧和灵感。我也一直呼吁超越我国法学研究特别是刑法学研究近年来不同程度地存在的"理论脱离实践，实践反对理论，理论与实践两张皮"的现象。[①] 毕竟，法学理论研究绝不仅仅是纯粹的法学概

---

① 参见梁根林：《犯罪论体系与刑法学科建构》，载《法学研究》2013年第1期。

念、术语、范畴与逻辑的自我演绎,更不是法学理论工作者自得其乐的益智游戏。真正的法学研究作为规范科学,必须立足于一国的制定法,根植于丰富多彩的司法实践,直面法治实践不断出现的新问题与新挑战,提供具有逻辑自洽性、理论说服力与实践指导性的理论方案与知识体系。脱离司法实践的理论研究,既不能实现真正的知识增长与学术创新,亦无法发挥其实践指引功能,促进个案正义与具体法治的司法公正目标。

上海作为司法改革的前沿阵地,各种疑难问题不断出现。只有加强交流,互相探讨,不断破解理论难题和实践症结,才能在时代发展中永居潮头。我很高兴地看到,上海市人民检察院通过打造"75号咖啡——法律的味道"品牌活动,以沙龙的形式,为理论界和实务界架设相互沟通、学习与切磋之桥梁。我也曾有幸受邀参与其中的一期主题为"法不能向不法让步"的沙龙活动,与其他学者和一线检察官、法官们一同探讨正当防卫的相关问题,不仅就正当防卫的适用条件与防卫过当的判断标准进行深入交流,而且为我国正当防卫制度的完善建言献策。

现在,上海市人民检察院领导决定将历次"75号咖啡——法律的味道"活动的内容整理成文字并结集出版,以提升研讨的传播力度,着力打造理论与实践良性交流的优质平台。经拜读负责同志精心整理的文字稿,我认为,本次合辑具有以下几方面的特色。

首先,内容充分详实。"75号咖啡"立足司法实际,着眼"四大检察""十大业务",力图将讨论内容覆盖到检察业务的各个关键领域和重点环节。本书中既有对正当防卫等理论难题的探讨,又有

咖啡浸润学术香

对未成年人、老年人等特殊群体的检察关怀，还有对中美刑事诉讼制度的比较研判。让读者不仅体会到上海检察机关对法学理论研究的深度广度，更感受到在民生问题上所彰显出的检察温度。

其次，选题聚焦热点。作为上海检察机关对外发声的一大平台，"75号咖啡"始终围绕法治中国建设和学术理论前沿，聚焦社会热点事件、检察理论研究热门话题与检察实务争议焦点，邀请理论学者和实务专家，发表学术观点和专业见解，为检察理论研究和司法实务提供启迪和借鉴。选题不仅包括"于欢案""张扣扣案""章莹颖案"等热点案件，而且涉及问题疫苗事件、保健品骗局等民生关注话题，力求在鼎沸民意中发出属于检察机关的理性声音。

再次，语言深入浅出。"75号咖啡"无论是形式的选择，还是场景的布置，抑或话题的设置，都努力营造出"接地气"的氛围，往往从典型案例和实务热点切入，与各方人士共话司法未来。正是凭借这样娓娓道来、深入浅出的说理风格，"75号咖啡"沙龙活动自上线以来，获得广泛关注。以"法不能向不法让步"为例，上线一天，微信公众号的阅读访问量即突破4000人次，活动视频被"学习强国"转载。可以说，"75号咖啡"已成为上海检察理论研究回应实务热点的活跃舞台。

最后，打造品牌效应。"75号咖啡"从创办之初，就追求将上海检察实践的经验与科研院校理论研究的优势相结合，搭建起实践为理论提供研究对象、理论为实践释疑解惑的互通渠道，努力将"75号咖啡"打造成为上海检察回应理论实务热点的发声平台、全方位展示检察干警的高光舞台、推广上海检察理论研究成果的知名品牌。因此,"75号咖啡"被评为2019年度"两个一百"全国优秀检察新媒体品牌活动。

　　承蒙上海市人民检察院领导的信任,我有幸作为本书的特邀主编,见证并参与上海检察机关积极打造理论阵地的进程。祝"75号咖啡"越办越好,愿建国西路75号的咖啡桌旁始终弥漫着法律学术的芬芳。

梁根林

2020年9月

目 录

法不能向不法让步
　　——从"昆山龙哥案"漫谈正当防卫实务　　　梁根林　于改之　等　/1

用司法正义消除人间戾气
　　——从"张扣扣案"看私力复仇行为及舆论的司法应对
　　　　　　　　　　　　　　　　　　　　　张智辉　胡春健　等　/24

偷"支付宝"算不算"偷"
　　——新型支付模式下侵财类犯罪法律适用问题　刘宪权　施净岚　等　/35

"坏孩子"的明天也要守护
　　——未成年人保护处分的理论与实践　　　　姚建龙　郭　箐　等　/46

当坏人老了，司法机关如何应对
　　——谈涉老案件专业化办理　　　　　　　　王永杰　曾国东　等　/56

检察院还管拆房子
　　——优秀历史建筑保护公益诉讼探讨　　　　刘　艺　屠春含　等　/69

为了人民更美好的生活
　　——深化检察机关提起公益诉讼制度的路径探索
　　　　　　　　　　　　　　　　　　　　　练育强　王　洋　等　/77

为整治问题疫苗，开一剂检察"药方"
　　——以长春长生问题疫苗案为例　　　　　　姚志光　戚永福　等　/88

"毒树之果"的经典演绎
　　——从"周立波案"看中美刑事证据制度和律师制度
　　　　　　　　　　　　　　　　　　　　　张　栋　胡春健　等　/99

1

如果"章莹颖案"发生在中国
　　——从"章莹颖案"看中美刑事诉讼制度差异　　张　栋　曾国东 / 108

填上"坑老"的陷阱
　　——涉保健品案件犯罪行为如何认定及预防　李　翔　方正杰 等 / 116

救命卡岂是摇钱树
　　——非法使用医保卡刑事责任如何认定　　周子简　顾　文 等 / 127

网络平台岂可随意"薅羊毛"
　　——网络平台虚构事实骗取数额较大财物的行为如何定性
　　　　　　　　　　　　　　　　　　　　　顾晓军　梁方军 等 / 140

认罪认罚后还可以反悔吗
　　——被告人认罪认罚后又无故上诉的检察应对　张　栋　江静良 等 / 153

"四轮驱动"构建法律监督新格局
　　——新时代法律监督体系漫谈　　　　　　　陈　波　刘　艺 等 / 163

从审前主导到全程主导
　　——职能重构背景下检察机关刑事诉讼主导作用的发挥
　　　　　　　　　　　　　　　　　　　　　谢鹏程　叶　青 等 / 175

刑罚观的超时空漫游
　　——人工智能时代可预见的刑罚观的变化　　　　　西原春夫 / 188

法不能向不法让步
——从"昆山龙哥案"漫谈正当防卫实务

- 时　　间：2019 年 6 月 4 日
- 地　　点：上海市人民检察院
- 嘉　　宾：梁根林　北京大学法学院教授、博士生导师
　　　　　　于改之　华东政法大学教授、博士生导师
　　　　　　徐世亮　上海市徐汇区人民法院副院长
　　　　　　黄冬生　上海市长宁区人民检察院副检察长
- 特邀嘉宾：朱思欢　上海市人大代表，虹口区欧阳路街道紫荆居民区党总支书记
　　　　　　吕奕昊　上海市人大代表，淘璞儿童（上海）实业发展有限公司董事长，上海市人民检察院特邀监督员
- 召 集 人：陶建平　上海市人民检察院副检察长
- 文稿整理：祁　堃　孙　萍

陶建平： "法不能向不法让步"，这是今年最高人民检察院张军检察长在人大报告中的金句，它所针对的，就是今天要讨论的正当防卫案件。讲到正当防卫，我们会想到十年前的"邓玉娇案"，也会想到2017年的"于欢案"和2018年的"昆山反杀案"。在上海，类似的案件也出现过。今天的法律沙龙，就是来探讨正当防卫究竟是什么？正当防卫究竟怎么用？如何合法理性地保障正当防卫的行使？

一、正当防卫条款真的"难用"吗

陶建平： 请谈谈正当防卫的立法沿革，为什么1979年《刑法》第17条和1997年《刑法》第20条会出现如此明显的差异？之前司法实践中为何较少适用该条款？

梁根林： 正当防卫是法律人和社会公众共同关注的话题，它出于人的本能，是法律赋予公民行使的权利。古罗马哲学家西塞罗讲过，正当防卫不是书写下来的法，而是与生俱来的法。正当防卫是基于对人自然本能的尊重而在任何社会都会被确认的权利，我国刑法也不例外。但正当防卫毕竟又是在公权力无法救济的紧急情况下的私力救济手段，具有"以暴制暴"的性质，如果行使不当也会造成新的损害。因此，正当防卫权利亦不能滥用，法律上需要对它进行适当限制。1979年刑法规定，正当防卫超过必要限度造成不应有的危害的，构成防卫过当。这个规定在总体上没有什么问题，但在过去的理解与执行上出现了一些偏差，主要是司法实务担心正当防卫在反击不法侵害过程中造成不必要的伤害、形成恶恶相报的恶性循环，对正当防卫的适用条件把握过于严格，以至于本来应当按照正当防卫处理的案

件被错误认定为防卫过当,甚至否定其防卫性质而错误地认定其为故意犯罪并判处严厉刑罚。这完全违背了我国正当防卫制度设计的初衷,挫伤了公民正当防卫的积极性,助长了不法分子恣意实施违法犯罪行为的嚣张气焰。

因此,1997年刑法全面修订时对正当防卫进行了重大修改。一是将防卫过当的条件由"超过必要限度造成不应有的危害"修改为"明显超过必要限度造成重大损害";二是增加无限防卫权,对行凶、杀人、抢劫、绑架等严重危及人身安全的暴力犯罪进行正当防卫,造成不法侵害人伤亡,不是防卫过当,不负刑事责任。立法者的意图很清楚,一方面,对防卫过当的条件要从宽掌握,只有明显超过必要限度并造成重大损害结果的,才是防卫过当。另一方面,针对严重暴力犯罪,不法分子严重侵犯他人人身安全,法律也不保护他的人身安全,防卫人反击过程中即便造成不法侵害人伤亡结果,仍属于正当防卫。刑法修改前后的立法精神、立法意旨、立法指向都非常明确,就是要保障公民充分行使正当防卫权利。

徐世亮:1997年刑法对正当防卫条件做了比较重大的修改,但司法实践没有随之明显改变,可能存在几个方面的原因:第一,观念上,不敢用。我国对私力救济一直存在质疑,刑法是从惩治犯罪、维护国家秩序的角度,将权力收到国家,成为公权,所以长期以来无论立法、刑法政策还是司法实践都对公民私力救济比较谨慎。第二,立法上,不好用。立法存在一定的模糊性,比如,目前立法对特殊防卫中的杀

人、强奸、抢劫、绑架有很清晰的内涵和外延,但对"行凶"一词缺乏明确界定。第三,实践中,不会用。有关正当防卫的理论研究并不深入,研究成果也不多,对防卫时间、防卫条件、防卫限度等缺乏深入剖析,也缺乏大量案例支撑。正是因为以上问题,导致司法实践中有时不敢适用正当防卫条款,而是多用"被害人有过错"来代替正当防卫。

于改之:正如徐法官指出的那样,正当防卫制度在司法实践中"僵尸条款"化,可能是多种原因所致。这些因素多大程度上导致正当防卫规定

成为"僵尸条款",是需要认真思考的问题。罪刑法定原则虽然要求刑法具有明确性,但立法绝对明确是不可能的,法律条文只能具有相对明确性。这意味着法官在适用法律的时候不可避免地需要解释法律。在解释法律时,学界的相关讨论具有重大参考价值。目前,我国刑法学界关于正当防卫的讨论还是比较充分的,尤其是最近几年已经达到一定

深度,完全可以与德、日等国家无缝对话。当然,或许受制于司法惯性,刑法学术理论被司法实践接受还需要一个过程,这可能是司法实务人员对正当防卫的时间、限度、前提等条件的理解与最近学界的主流倾向存在较大差异的缘故。

在没有学界参与的情况下,正当防卫条款的适用,涉及法官认定犯罪的思维问题。一方面,应在能有效保障公民充分行使正当防卫权利的前提下,防止防卫权的滥用。另一方面,应正确运用传统的犯罪构成理论。犯罪构成理论是形式判断和实质判断的统一,影响犯罪的积极要素和消极要素的统一。如果只是形式地理解、运用传统四要件理论,很容易忽略正当防卫等影响犯罪成立的消极构成要件要素,以致很多明显属于正当防卫的案件,也很容易被认定为符合犯罪构成。所以,正当防卫制度成为"僵尸条款",主要是观念、司法等多方面的原因。理论界和司法界要加强互动,才能更好地推进正当防卫制度正确适用。

二、正当防卫条款该怎么用

陶建平:正当防卫的适用条件有五个,第一,起因条件,存在不法侵害;第二,时间条件,不法侵害正在进行;第三,主观条件,为了制止不法侵害,保障合法权益;第四,对象条件,防卫行为只能针对不法侵害;第五,限度条件,不能超过必要限度造成重大损害。大家对条文已经很熟悉了,我们来聊聊实践中是如何把握这几个条件的。

（一）起因条件：如何判断不法侵害是否存在及其强度

陶建平：首先，关于起因条件，大家遇到的第一个困惑就是是否只有打不还手才能构成正当防卫？比如发生在上海的"王懂正当防卫案"[①]，此案中很显然双方有肢体接触。在这种情况下，检察机关最后以王懂行为是正当防卫，作出不批准逮捕决定，请冬生谈一下是如何考虑的。

黄冬生：司法实践中常对案件的发生原因描述为"琐事"，但防卫的起因往往会被这语焉不详的"琐事"二字所掩盖。在这个案件当中，我们花了大量精力调查案发原因，发现其实是被防卫人违规抢单，王懂对其不满并向主管投诉，引发被防卫人不快，遂用拳连续击打王懂头部。被防卫人不管是动机还是行为，都是无理的，是典型的随意殴打他人行为。事后看虽然没有造成王懂严重损伤，但是仍是一种不法侵害，所以我们认定存在防卫的起因条件。

陶建平：即便是"琐事"也要分清楚事由。双方动手有先后吗？

黄冬生：是被防卫人先动手，但也要注意一点，是不是先动手就一定是侵害？也未必，我们还要排除是不是存在互殴和防卫挑唆等情形。双方约架必然有一方先动手，但实际上都有伤害对方的动机，所以认定防卫要排除这种可能。

另外，用言词或其他方式刺激挑衅对方，诱使对方先动手，然后再有准备地予以反击，这也不是基于防卫目的。还有一种，是针对推搡等轻微侵害，对人身安全不构成威胁，但如果立马拿菜刀防卫，这也不是正当防卫。我们排除这三种可能情况下，才认定先动手的是不法侵害。所谓以"正"对"不

[①] 王懂与李某系上海一家餐厅的送餐员，两人因送外卖产生纠纷，在餐厅厨房外的过道处发生争执。李某用拳头多次击打王懂头部，王懂被李某推打至厨房内，顺手拿起一把菜刀向李某头部和肩部击打。经鉴定，李某构成轻伤二级。（案情来源："检察日报正义网"微信公众号 2019 年 3 月 27 日发布）

正"，是需要根据客观证据弄清动机和经过后，才能确定是"正"，不能先入为主就确定先动手人就一定是"不正"。

梁根林：正当防卫是公民的法定权利，但不能漫无边际地行使。要在不法侵害有一定的暴力性和进攻性，且是在急迫的情形下才能使用。不是只要发生冲突、双方之间有一点推搡或攻击行为，就可以进行正当防卫。

一般来说，在互殴、自招损害、防卫挑衅案件中，对方的反击不能视为正当防卫中的不法侵害。但也不能绝对化，在互殴案件中也可能存在不法侵害。比如，我跟别人约架，别人把我打趴下了，我已经求饶，但对方还是不依不饶，非得往死里打，甚至要给我致命一击。这时，是否因为我们先前是互相斗殴，就把我进行正当防卫的前提完全排除呢？我认为，无论从法理、情理上都不能认为这种情况下绝对不存在不法侵害、绝对不能进行正当防卫。当然，这种情况下正确的做法应是先行躲避、能躲就躲、能逃就逃，实在躲不了、逃不了时，应当允许我进行必要的还击，这才合乎法理，也合乎事理。

徐世亮：梁教授发言里面，我觉得有一点很受启发，确立正当防卫制度，并不是说鼓励你打我一拳，我踢你一脚。正当防卫制度是在公权力没有办法救济的急迫情况下，为了维护自身合法权益不得不采取的措施。在理解正当防卫五个条件的时候，要树立一个基本原则，就是法律不鼓励以牙还牙、以眼还眼。

陶建平：只有面临现实紧迫性时，可以实施正当防卫，但是对一些简单侵害或挑逗行为不能实施严重反击。去年在美国佛罗里达州发生了一起"停车场防卫杀人案"①，在此案中，防卫人因被推倒在地而掏出手枪射击以进行防卫，最终造成被防卫人死亡的后果。美国警方一开始根据《不退让法》认定射击行为为正当防卫，遭到了专家的质疑和大批民众的抗议。一段时

---

① 2018年美国佛罗里达州一家便利店外，两名男子因一个残疾人停车位发生争执，28岁的非洲裔男子马克斯·麦克洛克顿将47岁的白人男子迈克尔·德雷卡推倒在地，德雷卡随即向麦克洛克顿开枪，导致后者身亡。随后警方表示，开枪杀人的德雷卡不会受到任何刑事指控，因为他受到该州《不退让法》的保护，属于自卫杀人。（案情来源："新浪新闻中心"《"昆山龙哥被夺刀反杀"发生在美国会怎样？》，载 http://news.sina.com.cn/sf/news/fzrd/2018-08-31/doc-ihinpmnq 5055997.shtml。）

法不能向不法让步

间后，事情发生反转，警方逮捕防卫人，检方以故意杀人罪提起诉讼。梁教授，在此案中，防卫人射击推倒自己的人，这种反击您认为符合正当防卫吗？

梁根林：如果我是美国检察官，我也会起诉。不是说不可以进行正当防卫，如果一方把对方推倒，推倒后双方冲突还在继续，另一方进行防卫反击当然是可以理解的。但在此案中，一方将另一方推倒后，两人相隔三米，被推倒者突然掏枪射击。尽管美国有《不退让法》，但根据我的理解，这种情况不能根据《不退让法》认定其正当防卫。如果这个案件发生在中国，一定会被认定为明显超过必要限度造成重大损害，而不会因为对方实施了推搡等轻微暴力就可以无限度反击，甚至把他打死。

陶建平：防卫前提里面包含合理的躲避原则？

于改之：原则上，我们不应当赞同防卫人遇到不法侵害时负有回避义务的观点。因为，要求面临现实不法侵害的防卫人考虑在当时情况下能否履行回避义务既不现实，更不利于充分保护防卫人的合法权益，还不利于抑制潜在的不法侵害。

徐世亮：回到王憧案，此案中有一个细节：双方在追打过程中，被打的王憧可能是在慌乱中随手抓起一个东西，然后挥舞，后来发现这是刀。这个情况下，还是符合急迫性原则。换一种场景，在被殴打时，防卫人可以退让，旁边有刀、棍、铲等可以从容选择，这种情况下，他从容选择了刀，这时结论就不一样了。

所以刚刚黄检讲的让我很有启发，我们在很多刑事案件侦查过程中，常常忽视了对案件起因的举证和详细分析。我们国家把正当防卫划为危害性行为，排除社会危害性需要综合考量，而非单纯通过一个条件判断是否有危害性。作为起因的不法侵害是怎么发生的，这是衡量社会危害性是否存在的重要细节和要素。将来在办理类似案件时，要更加注意对起因、细节的调查、取证和审查。

陶建平：本案还有一个重要细节：王憧因脑部疾病做过治疗，因此他对自己头部特别保护。但被防卫人可能对此并不知情，那王憧的行为还能认定为正当防卫吗？

于改之： 对不法侵害强度的判断，涉及判断资料、判断时点、判断标准等问题。判断资料的划定应坚持情境原则，以行为时存在的所有情况为依据进行综合分析。但判断时点是行为时还是行为后，以及判断标准是以防卫人个人判断为标准，还是以社会上一般人判断为标准，还是有不同观点的。

我认为，正当防卫误判特权的边界，应当根据归责原理来加以划定。当行为人对侵害的严重程度和是否仍在持续进行判断时，由于利益冲突的出现可归责于受损的一方，因此，应该以行为时防卫人个人的判断为标准，在合理误判的范围内承认防卫人的误判特权。因为不法侵害行为本身是由受害人自己导致的，作为享有优越利益一方的防卫人，应该以其个人判断为标准。虽然侵害人不知道王憧脑部曾做过手术，但是王憧本人很清楚，所以这种情况下，对于不法侵害强度的判断，应由王憧决定究竟是以何种强度进行反击。

梁根林： 刚才讲要对不法侵害进行限定，特定情况下法律不认为需要进行正当防卫，不允许公民以正当防卫为由，将轻微冲突升级。这是从正当防卫的起因条件的维度进行的必要限制。但是，当面对法律允许进行正当防卫的不法侵害行为时，防卫人是针锋相对地反击还是必须先行躲避，不同国家作出了不同规定。

美国过去的《不退让法》要求原则上先跑，跑不了再进行反击，但大陆法系国家并未作出如此要求，而是面对进攻性暴力侵害，授权公民自行权衡利弊和风险，你觉得打得赢就打，打不赢就跑，跑也是你的权利。反之，经过利害风险评估或者是出于正义感，认为必须反击的，法律予以保护。法律尊重人的理性选择，如果选择与不法侵害针锋相对，反击所引起的损害结果只要在法律许可范围内，法律就免除防卫人的法律风险。

陶建平： 如何防卫的选择权在防卫人，而我们作为司法者应该依法保障他做出的合理行为。

正当防卫里面还有一些阴差阳错的情况，比如发生在上海青浦的"醉汉开错门被打至重伤案"①，青浦区检察院作出了不批准逮捕决定。此案中，不法侵害的暴力没有像刚才王懂案中那么紧迫，但是发生地点是在最需要得到安全保障的家里，此时，我们正当防卫条件会有变化吗？

于改之：像前面所讲的，正当防卫的误判边界应当根据归责原理来加以划定。当行为人对侵害的存在与否发生误判时，由于受损方并未通过任何违法行为制造利益冲突，因此，应当坚持事后的判断标准，否定行为享有误判特权。

具体到本案，是醉汉开错门，他本身处于严重醉酒状态，对自己的行为性质没有认识，很难将其错误进入他人住宅的行为认定为不法侵害行为。因此，这种场合应该采取一般人标准的事后判断。我认为此案属于假想防卫，应按照意外事件处理，不构成刑法上的正当防卫，不追究刑事责任。

梁根林：这又回到刚才如何界定不法侵害的问题。在正当防卫制度中，不法侵害一般是指精神正常的人在有责任能力情况下，故意对他人实施的攻击。精神病人、未成年人在没有责任能力情况下，故意实施攻击行为的，比如精神病人拿刀追打他人，是否能对他进行正当防卫，理论上有不同意见，但是多数判例、学说认为，不能因为精神病人不具有责任能力，就否定其追打他人行为的不法性。不能完全排除对这种情况下进行反击的可能性，但也要进行适当限制。

一般说来，如果知道对方是精神病人，能躲则躲，能跑则跑；如果不知道他是精神病人，或者被他逼到绝路上，则不能排除进行正当防卫的权利。精神病人攻击行为仍然是可以进行正当防卫的不法侵害。同样道理，醉汉错入他人家中，还是在深更半夜，能否说这不是不法侵害？我认为，醉汉的行

---

① 2018年10月29日21时许，马某与其女儿在青浦区金泽镇任屯村家中二楼其女儿房间聊天时，听见家中有异响，随即进行查找，在寻至二楼其女儿卧室隔壁一卧室时，借助走道内的灯光，二人依稀看见一个人影蹲在该卧室的角落里，马某见状随即将其女儿拉至身后，冲上去徒手打该人，并将其按倒在地上，待其女儿开灯后，发现该人竟是同村的何某，马某将何某带至一楼询问何故至此，何某称其醉酒后误以为该处是自己家，用自家钥匙打开房门后上到二楼休息，马某随即将其送回家中。后经侦查实验核实，何某自家钥匙也确实能打开何某家的门锁。事发第三天的早晨，被打的何某因感到身体不适被送至医院治疗，经鉴定构成重伤。（案情来源：上海"青春检影"微信公众号2019年4月11日发布）

为毫无疑问侵害了他人的住宅安宁，不法侵害事实客观存在。马某亦根本不知道此人是醉汉，是在醉酒状态中偶然地夜入他家。因此，我认为本案符合正当防卫前提条件，防卫行为是不是过当则要看当时具体情况。

徐世亮：我也赞同要根据当时情况进行判断。总体来讲，我不太赞同用一种很高的标准来要求防卫人，我们还是要具体到当时的场景、力量对比，实事求是、设身处地进行判断。

（二）时间条件：如何认定不法侵害的起止时间

陶建平：接下来，谈谈时间条件，即不法侵害正在进行。正当防卫所针对的不法侵害，用犯罪构造解析可能是着手实施犯罪，这个"着手"和防卫人"面临"不法侵害是什么关系？

于改之：不法侵害正在进行，也就是经常说的"已经开始，尚未结束"。怎么判断"已经开始"，有不同标准，通常观点有"着手说""进入现场说""直接面临说"，等等。"着手说"是指法益遭受紧迫现实的危险，"直接面临说"主张合法的权益已经面临直接的现实威胁。"着手说"主要针对一个具体犯罪行为，"直接面临说"主要是针对防卫人合法权益面临危险或者是威胁。这些学说并非完全对立，在一些情况下"着手说"和"直接面临说"可能有一些重合，比如持枪射击，侵害一旦着手防卫人的生命立马丧失。

由于不法侵害复杂多样，这些不同的学说各有其适用领域，在很多情形下，究竟采取哪种标准，需要在考虑防卫正当性的根据和目的的基础上，基于防卫人所处环境，综合判断合法权益是不是面临紧迫、现实威胁。例如，在前述事例中，如果将不法侵害人扣动扳机的时刻视为不法侵害已经开始，防卫人就来不及防卫。因此，应当认为最迟在侵害人持枪将要瞄准的时刻就已经存在不法侵害。

陶建平： "昆山反杀案"① 相信大家非常熟悉，此案中有刘海龙掉刀被于海明抢走和刘海龙被追杀这两个情形，请问如何判断不法侵害的结束时间？

梁根林： 无论在理论上还是实务中，对于不法侵害正在进行，都应当理解为不法侵害人在不法侵害意识支配下实施不法侵害行为的过程。昆山案中，双方对打过程中刘海龙刀落地，于海明顺手抢到，不能认为刀落地的一刹那刘海龙的不法侵害行为就已经结束了。因为双方还在互动和拉扯，刘海龙的不法侵害行为尚未结束，在此过程中于海明先抢到刀进行反击，应当认为是对正在进行的不法侵害的反击。反击过程中，于海明一共捅了刘海龙5刀，捅了以后刘海龙往回跑，于海明以为他要回车子里拿家伙，就继续追过去砍了两刀，一刀没有砍中，另外一刀砍在车上，于海明的行为还是应当认为是针对正在进行中的不法侵害行为的反击行为。

无论是"昆山反杀案"，还是"于欢案"，我国司法机关已经确立了共识，即不法侵害不是一个时间点上的孤立的身体动作，而是在不法意识支配下的不法侵害行为过程，只要这个行为过程没有结束，法益侵害的危险没有消除，就应当认为不法侵害正在进行中，防卫人就可以随时对不法侵害人进行反击。

---

① 2018年8月27日21时30分许，于海明骑自行车在江苏省昆山市震川路正常行驶，刘海龙醉酒驾驶小轿车（经检测，血液酒精含量87mg/100ml），向右强行闯入非机动车道，与于海明险些碰擦。刘海龙的一名同车人员下车与于海明争执，经同行人员劝解返回时，刘海龙突然下车，上前推搡、踢打于海明。虽经劝解，刘海龙仍持续追打，并从轿车内取出一把砍刀（系管制工具），连续用刀面击打于海明颈部、腰部、腿部。刘海龙在击打过程中将砍刀甩脱，于海明抢到砍刀，刘海龙上前争夺，在争夺中于海明捅刺刘海龙的腹部、臀部，砍击其右胸、左肩、左肘。刘海龙受伤后跑向轿车，于海明继续追砍2刀均未砍中，其中1刀砍中轿车。刘海龙跑离轿车，于海明返回轿车，将车内刘海龙的手机取出放入自己口袋。民警到达现场后，于海明将手机和砍刀交给处警民警（于海明称，拿走刘海龙的手机是为了防止对方打电话召集人员报复）。刘海龙逃离后，倒在附近绿化带内，后经送医抢救无效，因腹部大静脉等破裂致失血性休克于当日死亡。于海明经人身检查，见左颈部条形挫伤1处、左胸季肋部条形挫伤1处。（案情来源：最高人民检察院第十二批指导性案例 检例第47号）

同样的，"赵宇案"[①]中，赵宇把李某拉倒在地时，同样不能认为不法侵害已经结束。因为双方还没有真正隔离，李某也没有真正求饶或是放弃不法侵害，此时赵宇踩一脚或是踹一脚，都应当认为是针对正在进行的不法侵害实施的反击行为。

陶建平：不能用动作停顿或者是行为发生变化，就断定不法侵害已经结束，而要综合当时现场整个环境，判断不法侵害有没有继续发生的可能。

徐世亮："昆山反杀案"刚出来时，争议非常大，关键在于按照传统理解，对方已经逃跑，意味着不法侵害已经结束，于海明仍持刀追杀。如果此案中没有"刀掉被夺"的变化，司法上也没有任何争议。但因为出现这样的变化，我觉得就要根据当时的情形综合判断行为人当时所认定的危险。

陶建平：防卫人心理状态和判断能力是有差异的。比如我是一个经历过战火的特种兵，我一看他跑了，就是投降了，我就不追了；但如果我是初出茅庐没有社会经验的人，在很紧张的状况下，他跑了我觉得他还要拿家伙对付我，就继续追杀。两种不同行为基于不同判断，我们是否要考量防卫人的判断？

徐世亮：这个问题就比较复杂，这个也是我跟两位专家不一样的地方。我认为是看国家鼓励什么样的行为，立法初衷和意图决定我们的判断标准。如果大力鼓励这种行为，有时标准化尺度会放得宽一点；如果总体来讲限制这个权利，标准就严一点。我比较喜欢注重细节，此案中刘海龙随身带刀，还满身是纹身，在这种情况下，正常人都会想这种人在车上放一把刀，是不是还有第二把，是不是还有枪？在那种场景下，于海明无法像我们事后看录像这样冷静客观。因此，我认为需要我们带入，需要设身处地思考。但同时，

---

① 李华与邹某（女，27岁）相识但不是太熟。2018年12月26日23时许，二人一同吃饭后，一起乘出租车到达邹某的暂住处福州市晋安区某公寓楼，二人在室内发生争吵，随后李华被邹某关在门外。李华强行踹门而入，殴打谩骂邹某，引来邻居围观。暂住在楼上的赵宇闻声下楼查看，见李华把邹某摁在墙上并殴打其头部，即上前制止并从背后拉拽李华，致李华倒地。李华起身后欲殴打赵宇，威胁要叫人"弄死你们"，赵宇随即将李华推倒在地，朝李华腹部踩一脚，又拿起凳子欲砸李华，被邹某劝阻住，后赵宇离开现场。经法医鉴定，李华腹部横结肠破裂，伤情属重伤二级；邹某面部软组织挫伤，属轻微伤。（案情来源："最高人民检察院"微信公众号2019年3月1日发布）

注意要秉持一般人的"基本判断",不能脱开基本判断,单纯地过分强调当时情况,在基本判断前提下,充分考虑行为人当时面对的状态和他所作出的判断,两者结合起来会更全面。

于改之: 如前所述,我认为,不法侵害是否存在应采取事后判断的标准。如果本身不存在不法侵害,行为人误以为存在,这种情况下可以按照假想防卫或者意外事件来处理。但是,对于侵害强度和不法侵害是否已经结束的判断,由于利益冲突的出现可归责于受损的一方,故应该采取防卫人个人的事前判断标准,即不法侵害是否正在进行,要看防卫人的合法权益是否依然受到紧迫的威胁。

(三)主观条件:事先矛盾积怨或准备武器是否可排除防卫意图

陶建平: 在双方都动手的情况下,我们难以在不法侵害客观存在和主观认识之间作出决断,有些情况下双方甚至还都准备了工具。比如"姜方平故意伤害案"[①]和"胡咏平故意伤害案"[②],这两个案件都是在事发之前有所准备,如何判断防卫人是否为正当防卫或者是否防卫过当?

黄冬生: 互相攻击行为中,要从认识和意志两个方面判断是否为正当防

---

① 2001年7月15日晚,被告人姜方平得知与其有过纠纷的郑水良当日曾持铁棍在航埠镇莫家村姜金木家向其父姜良新挑衅后,便前往郑水良家滋事。因郑水良不在家,姜方平便返回,并从路过的叶小飞家的厨房内取了一把菜刀藏于身后。当姜方平行至该村柳根根门前路上时,郑水良赶至并持铁棍打姜方平,姜方平即持菜刀与郑水良对打,并用菜刀砍郑水良左手腕关节,姜方平也被随后赶至的郑水良之女郑华仙砍伤。经法医鉴定,郑水良所受损伤属轻伤。(案情来源:《刑事审判参考》第221号)

② 2002年3月19日下午3时许,被告人胡咏平在厦门伟嘉运动器材有限公司打工期间与同事张成兵(在逃)因搬运材料问题发生口角,张成兵扬言下班后要找人殴打胡咏平,并提前离厂。胡咏平从同事处得知张成兵的扬言后即准备两根钢筋条并磨成锐器后藏在身上。当天下午5时许,张成兵纠集邱海华(在逃)、邱序道随身携带钢管在厦门伟嘉运动器材有限公司门口附近等候。在张成兵指认后,邱序道上前拦住正要下班的胡咏平,要把胡咏平拉到路边,胡咏平不从,邱序道遂打了胡咏平两个耳光。胡咏平遭殴打后随即掏出携带的一根钢筋条朝邱序道的左胸部刺去,并转身逃跑。张成兵、邱海华见状,一起持携带的钢管追打胡咏平。邱序道受伤后被"120"救护车送往杏林医院救治。胡咏平被殴打致伤后到曾营派出所报案,后到杏林医院就诊时,经邱序道指认,被杏林公安分局刑警抓获归案。经法医鉴定,邱序道左胸部被刺后导致休克、心包填塞、心脏破裂,损伤程度为重伤。(案情来源:《刑事审判参考》第224号)

卫。认识层面是指实施攻击之前是否有不法意图，主观的不法意图需要通过客观印证，例如事先是否有准备工具、约架等行为，是否制定攻击方案，有这些行为基本上可以认定有伤害故意。"胡咏平故意伤害案"中，防卫人虽然准备了工具，但也不必然认定为斗殴，还要在意志层面进行考量，即行为前、行为中是被动防御还是主动攻击，如果是在无法逃掉的情况下使用工具，这时不法侵害的意志因素是不具备的，所以仍不能认定有伤害对方的故意。如果准备了工具上来就用，积极攻击对方，这时就可以认定有伤害对方的故意。另外，还可以通过事后判断，一般的防卫行为是有节制的，不会追求给对方造成更大伤害，如果有伤害对方的意志，通常是乘胜追击、穷追猛打。

于改之：我也赞同。在事先准备工具的场合，并非只要事先准备工具就是不法侵害，而是要考虑事先准备工具的目的是什么。如果出于攻击目的，这是不法侵害；如果使用工具是出于防御目的，就是防卫。

梁根林：毫无疑问，互殴与防卫的区分，是最困扰司法实务的问题。原则上，互殴案件要慎重认定正当防卫，虽然不能排除正当防卫的可能，但要注意严格限制。另外，关于携带武器问题，也要辩证地看。事先准备武器，虽然会减弱冲突过程中认定为正当防卫的可能性，但是防卫人是有备而来还是临时顺手抄起家伙进行反击，并不是决定其行为是否构成正当防卫的基本依据，还是要综合案件事实情况、细节情况进行判断。

（四）限度条件：手段是否适当和结果严重程度如何判断

陶建平：我们来讨论最复杂的限度问题。限度问题涉及两个方面，作为一般防卫，对手段和造成后果上都会有相应的要求。从手段来看，比如"陈某正当防卫案"①，对方用钢管和石块，他用的是随身携带水果刀；在"朱凤山故意伤害案"②中，对方用瓦片进行攻击，朱凤山抄起家里宰羊刀进行反击。我们认为防卫手段强度要有对等性，这种对等性应从什么角度进行分析和判断？

黄冬生：既然法律规定不能明显超过必要限度，就意味着可以超过，并不要求一定是拳对拳，刀对刀，这是基本前提。比较是不是明显超过，还要看防卫人采取的措施是不是达到足以制止对方侵害的程度，结合当时场景和主观心态，以一般人的标准来判断。我认为，在"正"对"不正"的情况下，对于不法侵害是否存在或是否结束，应该赋予防卫人一个误判权，被防卫人实施不法侵害，就要承担防卫人的误判风险。同样，对防卫手段是否超过限度，这时"不正"的一方要承担"正"的一方有误判的风险。如何判断是否超过必要限度还要结合具体情况，双方力量对比很重要。

---

① 陈某，未成年人，某中学学生。2016年1月初，因陈某在甲的女朋友的网络空间留言示好，甲纠集乙等人，对陈某实施了殴打。1月10日中午，甲、乙、丙等6人（均为未成年人），在陈某就读的中学门口，见陈某从大门走出，有人提议陈某向老师告发他们打架，要去问个说法。甲等人尾随一段路后拦住陈某质问，陈某解释没有告状，甲等人不肯罢休，抓住并围殴陈某。乙的3位朋友（均为未成年人）正在附近，见状加入围殴陈某。其中，有人用膝盖顶击陈某的胸口、有人持石块击打陈某的手臂、有人持钢管击打陈某的背部，其他人对陈某或勒脖子或拳打脚踢。陈某掏出随身携带的折叠式水果刀（刀身长8.5厘米，不属于管制刀具），乱挥乱刺后逃脱。部分围殴人员继续追打并从后投掷石块，击中陈某的背部和腿部。陈某逃进学校，追打人员被学校保安拦住。陈某在反击过程中刺中了甲、乙和丙，经鉴定，该3人的损伤程度均构成重伤二级。陈某经人身检查，见身体多处软组织损伤。（案情来源：最高人民检察院第十二批指导性案例 检例第45号）

② 朱凤山之女朱某与齐某系夫妻，朱某于2016年1月提起离婚诉讼并与齐某分居，朱某带女儿与朱凤山夫妇同住。齐某不同意离婚，为此经常到朱凤山家吵闹。4月4日，齐某在吵闹过程中，将朱凤山家门窗玻璃和朱某的汽车玻璃砸坏。朱凤山为防止齐某再进入院子，将院子一侧的小门锁上并焊上铁窗。5月8日22时许，齐某酒后驾车到朱凤山家，欲从小门进入院子，未得逞后在大门外叫骂。朱某不在家中，仅朱凤山夫妇带外孙女在家。朱凤山将情况告知齐某，齐某不肯作罢。朱凤山又分别给邻居和齐某的哥哥打电话，请他们将齐某劝离。在邻居的劝说下，齐某驾车离开。23时许，齐某驾车返回，站在汽车引擎盖上摇晃、攀爬院子大门，欲强行进入，朱凤山持铁叉阻拦后报警。齐某爬上院墙，在墙上用瓦片掷砸朱凤山。朱凤山躲到一边，并从屋内拿出宰羊刀防备。随后齐某跳入院内徒手与朱凤山撕扯，朱凤山刺中齐某胸部一刀。朱凤山见齐某受伤把大门打开，民警随后到达。齐某因主动脉、右心房及肺脏被刺破致急性大失血死亡。朱凤山在案发过程中报警，案发后在现场等待民警抓捕，属于自动投案。（案情来源：最高人民检察院第十二批指导性案例 检例第46号）

"王懂正当防卫案"中，对方比王懂高一头，而且不断攻击他的头部，这种情况下要求他以拳对拳，就不现实，根本没法达到制止目的。还要注意一点，他手足无措地被追打到厨房，顺手拿起来的是不是刀，挥动第一下时他可能不知道，但第二下就应该知道了。但第一刀砍下去对方并没有停止侵害，这时让他放下刀再找别的工具，是强人所难，法谚有云：法不强人所难。

另外，本案还涉及特殊体质问题。我们判断防卫行为是否超过必要限度，还要结合他所要保护的利益有多重大。如果只是保护一般的身体健康权，王懂行为或许过限，但是王懂保护的是自己的生命权，这时更高强度的手段是可以容忍的。哪怕对方不知道他是特殊体质，防卫人为了保护不法侵害人所不知道的，但客观存在的重大利益，所采取的不法侵害人意料之外的强烈反击行为，这个风险应该由不法侵害人自己承担。

陶建平：实施防卫里面还有风险移转、风险承担的问题。

徐世亮：我觉得，很多时候考虑限度，往往过分侧重法益比较。我们还是要回到法条本身，法律规定很明确，不能明显超过制止侵害的必要限度。我们在讨论防卫是否适当，要考虑法益比较问题，也要考虑制止侵害在当时场景下是否必要，还要符合相对客观标准，即一般人的衡量标准，这可以作为辅助参考标准。但正如冬生副检察长所说，法不能强人所难，那种情况下不可能期待他作出一个很明智、很稳妥的判断和选择。从立法目的上讲，如果鼓励正当防卫，判断标准就不能过于严苛。

陶建平：你的观点是，与其考虑用刀还是用拳，不如考虑是否足以能够制止所遭受的侵害。在判断应当使用什么样防卫手段时，两位实务界代表都主张按照所面对的现实情况和所要制止的不法侵害，而不能简单从损害结果进行判断，很有见解。

于改之：所谓的武器对等，不是绝对的。从司法实践采取武器对等原则的理由来看，该原则背后隐含的是，在武器对等的情况下，防卫人对加害人可能造成的侵害与加害人对防卫人的侵害具有均衡性的结果主义的思考方式。然而，正当防卫的认定应当坚持从行为到结果的判断逻辑。首先应当结合双方侵害性质、强度、打击部位、双方力量对比等综合判断防卫行为是否具有必要性，在这一判断过程中，武器对等只能具有相对意义。另外，防卫行为

法不能向不法让步

不仅可以针对已经实施的不法侵害，还可以针对可能发生或继续实施的不法侵害。

梁根林： 对等武装论是我国司法实践中由来已久的惯性思维。多年来，在正当防卫案件办理中，往往在防卫人武装反击手段和不法侵害手段不对等时，就认定防卫一方过当，这是把冲突双方力量对比关系简单化了。正当防卫过程中，防卫人用不用家伙、用什么家伙，只是决定双方力量对比的一个情节，而不是绝对情节，还是要根据当时双方力量对比的具体情况，综合判断是否确实明显超过必要限度。

陶建平： 经四位专家概括，正当防卫的限度变得异常清晰。防卫手段需要我们做出判断的时候，我们的焦点不是在于所运用的工具和造成对方的伤势，而是防卫人手段是否可以实现制止不法侵害的目的。用理论解决实践中的偏差，梁教授告诉我们要破除对等武装论，进行综合分析。另外，冬生告诉我们一个新观点，即便防卫手段似乎和侵害人的差异较大，但这种风险是由侵害行为带来的，被防卫人应该风险自担。

我们来看看防卫结果，在"王懂正当防卫案"中，被防卫人是轻伤，一般来看不认为是重大损害。但王懂自己连轻微伤都不算，对比之下，对方亏吃大了。此时就有一个问题，所谓"重大伤害"的确定标准究竟是什么？

黄冬生： 王懂的伤连轻微伤都不够，相对来说，对方的轻伤也是一种重大损害。最高人民法院办理家庭暴力案件规定中，提到了对家暴行为进行防卫的时候，造成了重伤、死亡后果，手段超过必要限度，应当认为防卫过当。这是以司法文件形式明确重伤以上才是重大损害，但这是在家暴案件中。

徐世亮： 坦率讲，对于这个条件我觉得并不是特别重要。举一个例子，一堆人挥刀砍你，没有砍到你，你连伤都没有，你拿刀把他捅死了，单纯比较这两个结果，肯定是轻重悬殊。所以我觉得单纯从结果去判断去比较是偏颇的。

陶建平： 没有明显超过必要限度和造成重大损害，是并列关系，既需要手段没有明显超过必要限度，同时又要没有出现重大损害。那么，我们在理解限度条件时，如何把握才能更全面？

梁根林： 对正当防卫的限度条件如何具体把握，无论在实务中还是理论

17

界中，都有很大分歧。我个人认为，在这个问题上要破除唯结果论，应从正当防卫的制度目的出发，把判断重点放在防卫行为本身是否过当。根据高检院指导性案例，对重大损害不是作动态界定，而是做静态界定，即重大损害就是指造成重伤或者死亡，造成轻伤以下结果不属于重大损害。当防卫行为本身确实明显超过必要限度，比如为了制止孩子偷瓜摘果，实施枪击行为，一枪打过去造成孩子重伤的，这是防卫过当；如果没打中孩子，虽然行为方式明显过当，但没有实际造成重大损害结果，不能成立防卫过当。最高检指导性案例明确要求，防卫过当成立既要行为过当也要结果过当，而且行为过当判断在先，结果过当判断在后。

徐世亮：我觉得，还要区分保护的是人身安全还是财产。面对盗窃，我们鼓励跟犯罪行为做斗争，但用激烈手段对付是否妥当？我认为，应根据侵害的法益不同，认定不同限度。

陶建平：有人闯到家里，是偷东西还是劫财劫色分不清楚，怎么办？

徐世亮：这是假想防卫，涉及认识错误的问题，这种情况下没有一个清晰标准，只能根据当时情况进行分析判断。

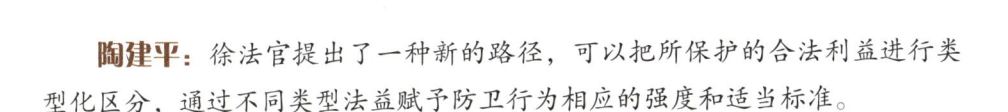

陶建平： 徐法官提出了一种新的路径，可以把所保护的合法利益进行类型化区分，通过不同类型法益赋予防卫行为相应的强度和适当标准。

（五）防卫过当归责：刑法和民法上如何衔接

陶建平： 我们再看看民法和刑法之间，在正当防卫中有何关联？紧急避险在刑法和民法总则中规定的要件是一致的，紧急避险超过必要限度造成不应有的损害，应该承担刑事责任以及适当的民事责任。但正当防卫在《民法总则》第181条和《刑法》第20条中的规定存在差异，我们修改刑法时，将明显超过必要限度作为防卫过当的一个条件，但是民法总则没有理会1997年刑法的重大调整，仍然认为超过必要限度，就构成了防卫过当，这个时候防卫人应当承担适当的民事责任。是否能从理论角度分析刑法和民法不同规定的原因，以及司法实务中应如何应对？

于改之： 这涉及刑法和民法的衔接问题。两者关于防卫过当的成立条件不同，这就会导致一个防卫行为，符合刑法中正当防卫的成立条件，是正当防卫，但在民法中就可能成为防卫过当，要承担民事责任。尤其是《刑法》第20条第3款的特殊防卫，防卫行为不存在过当情形，但民法完全没有涉及这些。我觉得，民法上违法，刑法上并不一定构成犯罪，虽然这从法秩序统一性的角度来说并不存在问题，但由于《刑法》第20条第3款关于特殊防卫权的规定，两大法域在立法的整合性上不无疑问，可能联动引发与见义勇为观念、既判力理论、逆防卫权及侵权行为理论的重重矛盾。因此，有必要考虑维系贯穿刑法与民法共通的违法概念，统一规定民刑法中正当防卫的限度标准。从司法判例来看，我记得好像除了云南的一个案件刑法上构成正当防卫，民事上赔了两千块钱外，还没有发现其他类似判例。

梁根林： 防卫过当确实在民法和刑法上出现了立法规定不一致的情况，但这种不一致是由刑法修改所导致的。有观点认为，法条虽然表述不一样，但是我们还是要根据法秩序统一性原理，对民法和刑法的防卫过当做一体化理解，民法上与刑法上的防卫过当认定标准还是应该统一。这个解释不能说是没有道理，确实可以避免一些问题，但是我想从法理和解释论两个角度讨论。

从法理来讲，法秩序应当统一，但刑法设定防卫过当标准，不一定要同民法规定一致，民法设定防卫过当目的是要解决侵权赔偿，而刑法规定防卫过当则是要解决是否追究防卫人刑事责任。在考虑是否追究防卫人刑事责任时，在确定存在防卫前提即不法侵害事实的情况下，应当尽量谨慎、克制，能不按照犯罪处理的尽量不按照犯罪处理。所以，1997年刑法修改正当防卫限度条件，将其放宽为"明显超过必要限度造成重大损害"，就是为了尽量不追究刑事责任。但是防卫行为如果超过必要限度，引起一定损害结果，要不要相应承担民事责任，还可以进一步研究。民事责任和刑事责任不一样，刑事责任起点更高、要求应当更严格，民事责任可以放得更宽一点，民事责任在特定情况下甚至可以是无过错责任，而刑事责任一定是罪过责任。所以，刑法责任和民法责任配置的出发点不同、目的不同，认定是否成立防卫过当的标准也会有所区别。

从解释论的角度说，既然民法和刑法规定的防卫过当成立条件明显不一样，无论是刑法理论研究还是刑事司法实务，都应当忠实于本国法的规定，而不能两者明明不一样，硬说两者是一样的。

从司法效果来讲，进行区分可能更有利于矛盾解决。防卫行为在刑法上被认定为正当防卫，免除其刑事责任，但在民法上被认为是防卫过当，承担适当的民事责任，可能更有利于缓解各方矛盾，协调利益关系。

所以，我个人倾向于肯定防卫过当的成立条件在民法和刑法上有所差异。

于改之：或许让防卫人承担物质上赔偿的处理方式，比较适合"醉汉闯民宅"等可能构成假想防卫或者意外事件的案件。但如果广泛容忍这种规范冲突，不利于发挥正当防卫制度的功能。

黄冬生：司法者不能批判立法，只能把立法规定解释的更合理。我认为，第一个要考虑我们国家正当防卫和德国不一样。正当防卫定位是正当化事由，而不是免责事由，那么正当行为为什么被罚？"正"不向"不正"让步，难道在民法层面"正"就应该向"不正"让步吗？这种"和稀泥"的思想可能会引起质疑。另外，从实践来看，福州的"赵宇案"为什么第一次作出相对不起诉决定的时候，会招致媒体一片质疑，一个重要原因是相对不起诉等于认定防卫过当，还是要赔偿。为什么认定正当防卫却还要赔偿？老百姓很难接受。从法律效果和社会效果来讲，做不同理解就会有这个问题。民法总则的规定留有解释空间，"超过必要限度""重大"和"不必要"都可以通过解释实现原则性一致。为什么司法实践中极少出现刑事上认定正当防卫，民事上判赔偿的案件？是因为老百姓不太能接受这种解决方案。

现在为什么正当防卫这么难，很重要的理由是，但凡过当就是入罪，没有出罪空间。是不是考虑刑法修正时增加一块，一些特殊情况下认定防卫过当，但不是减轻或免除处罚，而是不追究刑事责任。德国刑法规定，在特殊环境下或特殊认知能力下，基于激情、恐惧或其他特殊情况可以出罪，但承认是不法行为，只不过不追究刑事责任，这个时候要求赔偿就顺理成章。

徐世亮：这个问题，我认为是对正当防卫研究不充分造成的。如果用德国刑法理论就很好解释这个问题，防卫过当有不法的，也有免责的。如果我们正当防卫这么有层次，这个问题实际上很好解决。和民法一致，排除不法是合法行为，不承担民事赔偿。目前正当防卫是排除不法或者是排除社会危害性行为，这是很模糊的概念。我们解释不通防卫人为什么承担侵权责任，我觉得问题可能出于没有搞清楚正当防卫的定位。

梁根林：德国刑法中的正当防卫与我国一样，都是法定的正当化事由、阻却违法、排除定罪的事由。德国刑法中的防卫过当有两种情况，一种是不法并且有责的防卫过当，依法定罪量刑；另一种是法条特别规定的不法但免责的防卫过当，这就是其法条所规定的在迷茫、恐慌、惊吓情况下防卫过当免除处罚。如果我国刑法理论与司法实务采纳阶层犯罪论体系，对我国刑法中的防卫过当亦可以将其解释为包括两种情况：一种是不法并且有责的防卫过当，根据《刑法》第20条第2款的规定进行定罪，但减轻或者免除处罚；另一种是虽然防卫过当，但设身处地思考行为人当时面对不法攻击的情况认为可以阻却其责任的，则认定其是不法且免责的防卫过当，对后者不适用第20条第2款，不予定罪、不予处罚。

陶建平：请四位嘉宾用一句话总结今天讨论的话题。

梁根林：正当防卫既是以"正"反击"不正"的行权行为，也是紧急情况下以暴制暴、以恶制恶的私力救济行为，面对不法侵害，公民可以权衡利弊，可以选择逃避，也可以针锋相对予以反击，法律保障公民充分行使权利，也反对公民滥用权利。

于改之： 正当防卫，正当适用。

黄冬生： 司法不止追求解决纠纷，还要注重价值引领功能，司法者不应该苛求"完美防卫人"。

徐世亮： 强化对正当防卫问题研究，弘扬社会正气，这是我们司法和理论研究共同追求的目标价值。

陶建平： 今天，两位市人大代表作为特邀嘉宾来到75号咖啡，相信他们从社会人士的视角能看到一些我们看不到的新观点和新思想。

朱思欢： 希望加大对正当防卫的正能量宣传，弘扬社会正气，让群众知道如何保护自己，知道身后有法律武器支撑。

吕奕昊： 我有一个小建议，毕竟在正当防卫实施过程当中会出现暴力行为，可能导致轻伤、重伤甚至死亡，这是很可怕的事情。宣传时要注意通过大家喜闻乐见的、诙谐的方式，比如漫画、卡通小视频等，让社会公众更容易了解和接受，更清楚地掌握如何正确行使权利。

陶建平： 感谢两位人大代表，你们描绘的图景和我们所要追求的目标是完全一致的。今天的讨论接近尾声，法不能向不法让步，正义不能向非正义低头。通过讨论，我们形成了一定的共识，如何把共识变成现实，则需要我们在座的每一位，无论是司法人员、学者，还是公众，共同努力。经过对这些案例深入解析，经过人大代表提出殷殷期许，我们一定会越来越接近这样的目标。今天的沙龙到此结束，感谢各位嘉宾、人大代表和到场的各位同事，谢谢大家！

用司法正义消除人间戾气
——从"张扣扣案"看私力复仇行为及舆论的司法应对

时　间：	2019 年 1 月 18 日
地　点：	上海市人民检察院
嘉　宾：	张智辉　湖南大学法学院教授、博士生导师
	杨兴培　华东政法大学教授、博士生导师
	欧阳昊　上海市杨浦区人民检察院副检察长
召集人：	胡春健　上海市人民检察院检察官
文稿整理：	周　慧

用司法正义消除人间戾气

一、如何从历史的维度看待私力复仇行为

胡春健：近日，陕西汉中"张扣扣案"宣判并引发热议，今天的活动从案件出发，主要围绕私力复仇行为刑事责任评价的历史演变、法治社会中民意与舆论的司法应对及有关实务问题进行研讨。首先，如何从历史的维度看待私力复仇行为，我们先听听杨老师观点。

杨兴培：大家好！"张扣扣案"涉及一个整个社会很关心的问题，就是血亲复仇在今天还有没有社会基础，在法治社会如何对它进行价值评价。从历史的维度，血亲复仇在中国具有浓厚的社会基础。不同于地中海文明、西方文明，中华文明是黄土文明，强调安土重迁，家族主义、血亲观念是维系社会的重要纽带，长者为尊，尊者为大，直到今天我们依然能感受到，我们对兄弟姐妹或者父母的感情远比西方要浓厚得多。《礼记·曲礼上》中写道，"父之仇弗与共戴天，兄弟之仇不反兵，交游之仇不同国"。而这样一种"不共戴天"又有它更长远的历史起源，在国家产生

前，同态复仇曾经是社会主导的规范、习俗，或者一种传承。在国家产生后有了法律，公民将自己的公共权力让渡给国家，个人的生命财产安全和社会的安定秩序只有通过强大公权力才能提供有力保证，原先的同态复仇或者血亲复仇渐渐被法律代表的国家公力救济所替代。

中国历史上关于血亲复仇的案例很多，有三个案例在史书中有确切记载，并且有大段的议论。第一个案例是唐玄宗开元年间张瑝、张琇复仇案。据《旧唐书》记载，张琇和张瑝的父亲张审素被告发犯有贪污罪，御史杨汪前来查办。查案过程中，张审素的朋党绑架并威胁御史杨汪且当着御史杨汪的面杀害了告发张审素的人，其后张审素的朋党被杀，御史杨汪被救了出来，张

25

审素被处斩，其子张琇和张瑝被流放岭南。张琇、张瑝两兄弟认为杨汪害了他们的父亲，为了报杀父之仇设法逃脱并最终杀害了杨汪。案件审理过程中，很多人认为张氏兄弟的行为孝烈，应该赦免其罪行，唐玄宗也是非常犹豫不决。裴耀卿、李林甫认为"国法不可纵报仇"，两兄弟不可以被赦免；中书令张九龄认为，"复仇虽礼法所许，杀人亦格律具存"，不能因为杀人者的目的是正义的，而否认其杀人行为的违法性。最终，张氏两兄弟被依法处死。

第二个案例是武则天年间发生的徐元庆复仇案。徐元庆之父徐爽因为犯事被县尉赵师韫杀了，徐元庆认为自己父亲罪不至死，一直怀恨在心。后来赵师韫官至御史大夫，徐元庆隐姓埋名在驿馆作佣工，趁赵师韫回陕西通州查案时将其杀害后自首。该案在当时引发了极大的争议，武则天当时"欲赦死"，但陈子昂写了一篇《复仇议状》，提出徐元庆必须要杀，以正国法，但是杀了以后不能忘记他是为父报仇，必须要进行嘉奖。100年之后，柳宗元写了一篇《驳复仇议》，认为如果要杀徐元庆就不能再表扬，要表扬就不能杀，否则只能说明杀错了，但是柳宗元最后没有提出到底该杀不该杀。

第三个案例是梁悦复仇案，主要案情是梁悦为父复仇杀害秦杲后自首。案发后韩愈提出，像这种所谓民间极有争议、朝廷极有争议的案件，必须把审判权归于朝廷，然后尚书省进行讨论，由皇帝裁决。当时杀人罪是法律明文禁止的，但是最终处理结果为"杖一百，配流循州"，这样一来又把国家法律置于礼教之下。类似的案例一直到宋朝、明朝还有很多。

张智辉：如果问血亲复仇行为在全社会允不允许，赞不赞同，大家会异口同声地说不允许、不赞同。但对于血亲复仇犯罪能不能宽宥，也许大家的看法就有争议了。

首先，如何评价血亲复仇涉及对人性怎么认识。人性具有多重性，既有本能的冲动，也有理智的抉择，既有善的一面，也有恶的一面。血亲复仇是人性的一个方面，但是并不是人最本质的，或者说不可或缺的一个方面。人的本质在于自我控制的能力，人能控制自己的感情，选择自己的行为，这是人和动物的根本性区别。

从历史发展看，人类社会的发展为了安宁，为了稳定，必须要有规则和秩序，在形成社会规则的过程中，每个人必须放弃一定的个人感情，让渡自己的一部分权利，才能形成一个共同的规则和秩序。法治社会对血亲复仇行为必须绝对禁止，不能因为是出于人的本性就一概肯定支持或盲目宽宥。

其次，关于犯罪心理的形成。张扣扣之所以犯罪，与少年时目睹母亲被杀害的心理创伤密切相关。我们并不否认其犯罪心理的形成有一定的社会责任，但不能因此否定其个人在成长过程中性格偏激的一面。人的成长过程是一个不断完善自我、不断认识社会的过程，社会给大家提供的不是一个绝对公平的社会，在内心或者精神上受到不公正的待遇时，关键是个人要有一个积极、向上的心态，去面对人生、面对社会，有这样一个社会伦理的支撑，社会才能和谐。

欧阳昊： 大家好！我站在司法实务角度，谈谈我的三点感受。第一，必须要做好知识储备。在纷繁复杂的社会中，切入当事人心理分析的辩护方式是特别容易抓住人心，司法机关如何有效应对，必须要做好知识储备。第二，涉及的相关概念必须细化明确。在法治社会，私力复仇必须被完全禁止或者摒弃，私力救济在一定法律范围内有一定的容忍度，应该有一定的私人空间。本案中张扣扣追求的是同态复仇且手段极其残忍，必须被严禁。要把这三个概念作区分并在庭上予以明确回应。第三，在庭审中如何有效应对律师的辩护。例如，邓学平律师用"一叶一沙一世界"，宣传血亲复仇具有民间正义的基础。如果在庭审中，我可能用"一因一果死循环"回应，血亲复仇将冤冤相报，没有终结。在司法实务中公诉人要思考如何用更有效、更简洁明了的方式释法说理，被广大老百姓所接受。

二、司法者如何科学有效地应对舆论

胡春健： 欧阳检的建议让我们非常受用。在我国现行刑事法治框架内，已经不存在私力报复的制度空间。古代私力复仇具有一定正当性，基础在于当时公力救济的不及时、不充分。而在现代法治环境下，被害人的公正可以通过国家追诉的方式得到最大限度的实现，私力救济也就不再必要。

今天第二个问题，我们想和几位专家聊聊，当前实务中关于血亲复仇案件也好，其他热点案件也好，都面临着一些舆论的声音。作为司法者，如何科学有效地应对这些舆论，更好地维护公平正义，首先请张老师谈谈您的看法。

张智辉： 这里涉及两个问题：一个问题，动机怎么看。通过正常的心理分析，童年的心理阴影并不必然导致犯罪，外界的刺激固然是犯罪成因重要的方面，但不必然成为对其从宽处罚的根据。另一个问题，如何看待当年的判决，这是重点。辩护人认为是当年的判决不公，加剧了张扣扣的复仇意识，

用司法正义消除人间戾气

公诉人要做好舆情应对就要把涉及的辩解各个击破。怎么看待司法不公？首先，公平不公平以什么为标准。在法治社会必须要以法律为标准，不光法律人要树立这样的思维，还要引导全社会树立法治思维。其次，即使判决不公，能不能允许私力救济？除了通过法律渠道来寻求正义之外，在法治社会还要树立法律权威，这种权威性来自裁判的不可置疑性。在一个理智的社会中，我们要有一个信念，有一个权威，如果人人没有信仰，人人不畏惧权威，谁都想用自己的判断来代替法律的判断，用自己的行为代替法律的行为，那这个社会就危险了。

胡春健：针对当下很多热点事件，怎样去做好正面的舆论引导，包括树立法律的信仰、权威，我们要做很多工作。我们这次应对很好，像中政委长安剑、《检察日报》的发文，包括汉中市检察院的公诉意见的发表，都是以正视听。

杨兴培：遇到这个问题，我想到了我们能不能寻找出两个参照系数，沿着这两个参照系数分析这个案件，从中也不难找出应有的结论。

一个是人类的文明发展，作为一个所谓必须要参考的系数，哪个更文明，哪个更野蛮。按照陈炎教授的观点，文明的发展是必然的，文化的发展是多元的，关于文明我最愿意接受这样的概念。文明的概念有三层含义：第一，人类用所谓的科学和技术改造客观世界；第二，必须通过所谓的法律和制度来协调人与人之间的关系；第三，必须通过艺术，甚至情感、宗教，来调节我们自己的情绪。今天的法律和制度，是整个社会全体成员通过少数服从多数的规则建立起来的，一旦建立就必须要服从。对案件的处理，在我的理念中，一直是八个字，规范在前，价值在后。规范在前是定罪的，价值在后是量刑的。

另一个参照系数，什么叫公正，什么叫公平。每个人心里都有一种朦胧的正义感，那么14亿人能不能有14亿个正义标准，不行。我们评价事物的好坏，每个人都有自己的个人情感，但是在规范评价上一定要以法律为依据。我们是价值中立，但是我们一定要清楚法律是我们讨论案例的出发点，也必须是一个归属点。

欧阳吴：关于案件舆论的司法应对，确实有三个层面的问题：第一，舆论广泛关注的案件，往往会借由司法不公或法外施恩或法外容情来吸引舆论的关注，但办理案件时，司法机关往往并没有花很多精力去考虑如何回应，这值得我们关注并下功夫准备。第二，这些焦点案件中，对于不实的、偏激的舆论，为什么有受众愿意接受，整个社会的法治信仰有待进一步形成，需要我们引导舆论并给予有效回应。第三，在形成法治信仰过程中如何将公德和私德有机结合，做好依法办理、舆论引导和社会面管控三步工作法，这是摆在司法实务人员面前的难题，需要花时间、力气和功夫研究解决。

张智辉：不光是如何应对社会舆情的问题，司法机关自己怎么做非常重要。法律在构建社会文明体系的过程中，判错以后对社会舆论的引导、伤害是非常大的，南京彭宇案就是一个很典型的案例。我们做得好对大家、社会的引导作用非常大。

胡春健：非常同意。河南的医生劝阻吸烟致死案（田某某起诉杨某生命权纠纷一案）中，医生劝阻吸烟是正常的道德行为，在法律上不应当承担任何责任，司法机关必须坚守法律，保持客观理性。

杨兴培：因为正义是很难定义的，所以会产生很多的想法，社会就会发生所谓价值碰撞，甚至价值冲突。如果有法律却不去执行，那么法律就不会有权威。

曹 化[①]：我们自古以来很多观念是完全矛盾或者说针锋相对的，例如血亲复仇和以德报怨。那么是不是能够对其善加利用，能够在引导社会公众心理、促进法治社会建设方面发挥积极作用，我想就这个问题请教一下专家。

张智辉：历来的统治者都不认可血亲复仇，以德报怨是一种提倡但并非法律规则。我觉得两者联系不到一起。

杨兴培：人类社会发展到近现代，在定罪方面不可能有一个国家鼓励这种所谓的私力救济杀人偿命。规范先行，价值

---

① 曹化，上海市闵行区人民检察院副检察长。

用司法正义消除人间戾气

在后，作为定罪来说王子犯法与庶民同罪，这是标准，是统一的。但是同样的行为是不是社会影响和社会价值评价一样，我想世界上没有两片相同的树叶。本案的庭审策略和应对技巧也有提升的空间。

樊华中[①]：我的问题是我们怎么结合我们自身的法律职业身份，对那些遭遇过不公正待遇或者正在遭遇不公正待遇的人给予更多的帮助，让个人的公平感、国家公平、国家正义都能实现。

胡春健：反观张扣扣的成长经历，我作为检察官也在反思，在就案办案之外，对案件中遭受心理创伤、成长挫折、家庭困难的当事人，是不是能够力所能及地给予一定的关注和关怀，我想这更多的是我们检察官要做的事情。现在倡导新时代检察官的担当，其中就包含了有温度，做一名有温度的检察官。只有我们身体力行去做了，我们的案件才会真正做到三个效果的统一。

杨兴培：对于个人的伤痛、困难、挫折，用什么办法化解，有的时候靠社会，有的时候靠个人，这不是法律能够解决的，需要有更多排解的渠道。现在有很多针对青少年的帮教组织，很多非政府组织也有序发展，我相信未来慢慢会好起来。但是，当个人排解不了诉诸犯罪时，法不可错，罪不可犯，法律人必须旗帜鲜明地站在法律这一边。

陈洁婷[②]：结合我的从检经历，对我来说一直困扰我的问题是，我们司法者面对法律能有多大的主观能动性，如何发挥我们的主观能动性？

杨兴培：我认为今天的司法实践要学会做减法，而且要做好减法。司法机关在这几方面可以做文章：一是关于《刑法》第13条"但书"条款；二是

---

① 樊华中，上海市奉贤区人民检察院检察官。
② 陈洁婷，上海市人民检察院干部。

31

可以适当放宽正当防卫的认定条件；三是在刑民交叉案件中，要扭转我们更喜欢用刑事解决问题的惯性思维，另外就是要用好缓刑和假释制度。

欧阳吴：现在讲司法责任制也好，办案过程当中，确实检察官自己的主观能动空间是不大的，我们也觉得不应该这样。

晏天琦[①]：我们看到，辩护律师在辩护词中对有关案件事实进行了一定的文学演绎甚至歪曲，并制造舆论热点。对此，公诉人应当如何看待和回应？

欧阳吴：第一，公诉人在反驳辩方观点时，要善于找出辩护词中的矛盾，各个击破。第二，我们在阐述公诉意见时必须坚守以事实为依据，以法律为准绳。通过对张扣扣整个人生历程的事实、经历的掌握，把他的犯罪动因查清楚，用客观的素材和依据来刻画出他是怎样的人。庭审顶多只能描述整个案发事情的经过，他到底是怎么形成动因的，怎么准确找出这个动因，这需要公诉人办案时在规定动作之外，还要花许多案外的功夫，才能有力应对。

赖琛琛[②]："张扣扣案"之所以成为热点，源于邓学平律师在本人微信公众号刊发的辩护词。在最近一些焦点案件中，许多辩护律师通过制造舆论热点，试图通过舆论影响司法机关对案件的处理，请问各位专家对此怎么看？

杨兴培：第一，如果我们相信正义在手，法律在胸，我认为应当主动出击，先声夺人。第二，社会心理的问题，人们对判处死刑的人多多少少投去同情的眼光，人性上的同情弱者不是靠法律可以去掉的。第三，今天的法律除了规范还有价值问题，我们要维护法律的尊严和正义，除了外表的形式上的刚硬，还要有软功夫，从社会学或者心理学，从大众所谓的情感方面，做好内功，赢得大多数人的心。

---

① 晏天琦，上海市宝山区人民检察院干部。
② 赖琛琛，上海市虹口区人民检察院检察官助理。

张智辉：法律人要讲法律，时刻保持理性，不盲目地攀比点击率。在反驳一些律师的观点时，要有理有据，也要有人情味，考虑到公众的心理，要利用好新媒体，以老百姓喜闻乐见的方式发出司法的声音。

三、何种情况下需做司法精神病鉴定

胡春健：现在对新时代检察官提出了"有灵魂、有本领、有担当、有温度"的"四有"要求，每个检察官心中有杆秤，只要符合法定条件，就要运用自己的担当，比如说利用"但书"条款，利用不起诉制度等，对案件办理作出独立的判断。本案中还有一个我比较关注的点就是被告人精神病鉴定的问题，实务中精神病鉴定的决定权在哪里，具体如何操作？

欧阳昊：首先，从现代医学看，精神疾病的范围会越来越宽，但医学评判标准与刑事责任能力的标准并不能等同。认定张扣扣是否具有完善刑事责任能力的关键是其能否明辨是非，是否具有自我控制的能力。本案中张扣扣的明辨是非和自我控制能力非常明显，犯罪目的非常明确，对行为后果有明确的认知，据此认定不需要进行精神病的鉴定，这个解决路径在实务中是可取的。犯罪动因要不要把它作为精神状态去衡量，起码我们在具体实践当中是考虑的比较少的。把握鉴定这项证据的时候，跟医学方面的专家学者要进行沟通，或者明确在司法实践当中认定的责任能力或者没有责任能力的时候，我们的标准跟医疗的界定那根线应该划一划，不是完全等同的。

其次，张扣扣的辩护律师的辩护意见有两个明显错误：第一，他突破了法庭审理的职责范围。辩护意见最主要的是对审判长和对抗控方所提出的起诉意见进行答辩，这才是庭审最希望看到的东西。第二，他突破法庭审理所规定的框架和本次庭审范围。辩护人在辩护意见中花了大量精力去陈述前罪已决事实，且很多与事实不符。我们尊重辩护权，但当这些辩护意见完全与本案无关的时候，是不是能够善意提醒。公诉人在应对过程当中一定是有两个最基本的方法，一个叫情景模拟，一定要讲换位思考之后他会发生什么，为什么辩护意见不能采用。另一个是通过寻找前后逻辑矛盾去反驳对方，这是我们在出庭过程当中需要考虑的问题或者需要掌握的方法。

张智辉： 刑事司法中精神病鉴定的目的是什么？这是我们讨论这个问题的前提。刑事司法当中精神病鉴定是为了判断行为人有没有承担刑事责任的能力。第一，他有没有精神病，第二，他有没有承担刑事责任的能力。法官对这两个问题有一个基本判断，行为人在行为的时候有没有辨认和控制自己行为的能力，如果判断后认为没有做精神病鉴定的必要，那就会拒绝做这个鉴定，因为没有必要浪费司法资源。张扣扣在行为过程中表现出明显的辨认和控制能力，即使判断其有精神病，但是并没有丧失判断和辨认自己行为的能力，那么精神病鉴定对这个案件也就没有意义。如果行为人事先没有表现出精神病的迹象，行为过程中又有明显的辨认和控制能力，完全没有必要做。

胡春健： 我们还需要进一步加强法治宣传教育，在释法说理方面还要加大工作力度，对于辩护人和社会公众的质疑要及时予以积极回应，增强司法公信力，树立宪法和法律权威。

今天我们从"张扣扣案"出发，站在理论和实务的角度聊了很多，收获满满。法治是丈量一切的尺度，彻底摒弃私力复仇，是现代法治的要求，是公民安全、社会稳定的需要，让我们坚信法治，让张扣扣的悲剧不再上演。

偷"支付宝"算不算"偷"
——新型支付模式下侵财类犯罪法律适用问题

- 时　　间：2019 年 9 月 5 日
- 地　　点：上海市人民检察院
- 嘉　　宾：刘宪权　华东政法大学教授、博士生导师
  　　　　　许晓骁　上海市高级人民法院法官
  　　　　　胡春健　上海市人民检察院检察官
  　　　　　连　斌　杭州蚂蚁金服集团安全协作部总监
- 召 集 人：施净岚　上海市浦东新区人民检察院检察官
- 文稿整理：刘　强　肖　凤　李玉洁　祁　堃

施净岚：随着网络技术的进步，以网络支付为代表的新型支付逐渐代替传统纸质支付方式，在便利生产和生活的同时，新型支付模式下侵财类犯罪案件也随之产生，对于此类案件的法律适用问题，理论和司法实务界存在很大争议。我们希望通过本期"法律沙龙"，对此类犯罪法律适用相关问题进行探讨，为当前及今后司法实践中相关案件的处理提供参考。

为了便于更好地开展讨论，首先请连总监简要介绍下第三方支付平台的架构和属性。

连　斌：第三方支付平台首先属于非银行支付机构，其牌照上注明的就是支付业务许可证。这个支付业务是《非银行支付机构网络支付业务管理办法》（以下简称《办法》）中规定的互联网支付，有四大特征：一是为收款人提供资金转移服务，二是支付指令发起要借助计算机、移动终端等电子设备开展，三是电子设备通过公共信息网络与相关业务后台进行交互并传递指令，四是付款人设备和收款人设备并

不直接发生信息交互，相当于在办理资金转移支付业务时，在个人和银行之间增加了一个第三方支付通道。根据《办法》规定，网络支付有两种基本模式，一是基于银行账户的支付。现在比较常见的是第三方支付平台账户与银行卡绑定并开通快捷支付，这需要银行和客户均给平台授权，是双重授权。二是基于第三方平台支付账户的支付。《办法》规定，支付账户余额的本质是预付价值，类似于预付费卡中的余额。

一、第三方支付平台的账户信息是否属于"信用卡信息资料"

施净岚：《刑法》第196条规定，冒用他人信用卡可以构成信用卡诈骗罪；同时也规定如果盗窃信用卡并且使用，实际上是以盗窃罪论处。"两高"《关于办理妨害信用卡管理刑事案件具体应用法律若干问题的解释》第5条对冒用他人信用卡的相关情形也作了规定，其中对于"窃取、收买、骗取或者是以其他非法方式获取他人信用卡信息资料，并通过互联网、通讯终端等使用的，认定为冒用他人信用卡"。当前新型支付模式相较于传统的支付模式而言，最显著特点就是第三方支付平台及相关应用程序的介入，那么此时涉及的第三方支付平台的账户信息是否属于司法解释中的"信用卡信息资料"？

连 斌：第三方支付账号体系与银行卡账户体系是不同的账户体系，第三方支付账户信息不能等同于"信用卡信息资料"。首先，就像刚刚说的，第三方支付平台属于非银行支付机构，只是连接个人和银行的第三方支付通道，其上的账户余额相当于预付款。其次，第三方支付平台账户绑定银行卡时只需要用户提供开户银行和信用卡卡号，"信用卡信息资料"不会体现在第三方账户中，此外，客观上存在未绑定银行卡的第三方支付账户，因此获得账户信息并不等同于获得信用卡信息。

刘宪权：我不认同连总监的观点。连总监是从民事关系的角度对"信用卡信息资料"进行分析，但是刑法更加看重行为的实质。我认为第三方支付平台的账户信息很多都是信用卡相关信息，而且信用卡的支付功能可以通过平台来使用。不论第三方支付平台的性质如何界定，只要第三方支付平台和信用卡紧密相连，从事的支付活动是信用卡支付功能的延伸，那

么采取窃取、骗取、收买第三方支付平台账户信息，通过互联网或有关终端侵犯用户财产，该行为构成的犯罪就是信用卡诈骗罪。因此，第三方支付平台的账户信息属于司法解释中的"信用卡信息资料"。

胡春健：我的观点和刘教授不同，我认为非法掌握他人的第三方支付平台信息，不等于获得了"信用卡信息资料"。在实务中，第三方支付平台的犯罪主要涉及盗窃、贷款诈骗、信用卡诈骗三种类型。在第三方支付平台事先绑定银行卡后，消费时使用的是第三方支付平台用户名和密码，之前授权的卡号、密码等信息资料在之后的消费中并未涉及，因此我认为第三方支付平台的账户信息不属于司法解释中的"信用卡信息资料"。

许晓骁：我同意刘教授的观点。首先，要关注交易模式的本质，第三方支付账户绑定信用卡后，最后都需要和银行进行结算。所以，第三方支付平台的支付业务都与银行有关，其掌握的用户信息与银行紧密相关。其次，信息是客观信息，不管犯罪分子使用何种手段、出于何种目的、从什么地方得到信息，但只要信息被获取，并且能够实现违法犯罪目的，这个信息就是信用卡信息。

二、第三方支付平台的付款二维码是否属于"信用卡信息资料"

施净岚：对于第三方支付平台的账户信息是否属于司法解释中的"信用卡信息资料"大家有不同的观点，的确各地的司法实践也充分说明了这一点。对于支付平台的付款二维码是否属于"信用卡信息资料"，各位嘉宾又怎么看？

连　斌：首先，付款二维码不是信息本身，其背后含有第三方支付账户信息。如前面所说，第三方支付账户与银行账户不是一个体系，而且还存在未绑定银行卡的第三方支付账号，因此，第三方支付二维码背后的信息不能直接等同于信用卡信息。其次，刑法规定公民个人信息是指能够识别到具体偷"支付宝"算不算"偷"

某个自然人的信息,离开具体的自然人,单独的信用卡卡号不能认定为财产信息。个人认为,其类似企业收款账号,甚至可在名片上公开。最后,信用卡卡号虽然是属于信用卡信息一部分,但是仅仅获得信用卡卡号并不等同于获得了刑法意义上的"信用卡信息资料"。

刘宪权: 第三方支付平台总是与信用卡信息相关联,付款二维码就是把各种信息通过条形码进行集合,是获取、连接、承载信息的载体。无论是什么样的二维码,如果跟现实中的信用卡相关,就是"信用卡信息资料"。

三、小微贷款公司能否成为信用卡诈骗罪和贷款诈骗罪的犯罪对象

施净岚: 第三方支付平台除了提供支付业务,还提供借贷业务,这些小微贷款公司是否属于金融机构?能否成为信用卡诈骗罪和贷款诈骗罪的犯罪对象?

连斌: 中国人民银行《关于2011年中资金融机构金融统计制度有关事项的通知》中明确小微贷款公司属于"境内其他金融机构"。小微贷款公司的存在是为了解决小微企业和消费者的融资问题,主要提供以下两种贷款:一是经营性贷款,由全国首批试点民营银行之一的"网商银行"提供。二是消

费信贷，如大家熟悉的"借呗""花呗"，由小微贷款公司提供贷款。既然它们是金融机构，当然可以成为金融类犯罪的犯罪对象。

刘宪权：根据央行的相关规定，小微贷款公司属于法律意义上的金融机构，既然是法律上的金融机构，当然可以成为刑法规制的对象，也当然可以成为信用卡诈骗罪和贷款诈骗罪的犯罪对象。此外，在相关法律文件出台后又出现了很多新兴的"金融机构"，这些机构目前还没有被纳入法律文件的规制范围中，但是我认为只要这些机构所从事的业务是金融业务，就应当属于金融机构的范畴，也可以归类为法律意义上的金融机构，成为刑法规制的对象。

四、第三方支付平台能否被骗

施净岚：司法实务中，对于通过第三方支付平台侵害他人财产权的案件在定性时往往存在一定争议，主要集中在盗窃罪、信用卡诈骗罪、贷款诈骗罪等罪名，其中争议的核心和焦点问题是第三方支付平台能否被骗，也就是我们常说的机器能否被骗，对于这个问题，请各位嘉宾发表自己的观点。

刘宪权：我认为第三方支付平台能够被骗。首先，我把人工智能分成三类：普通人工智能、弱人工智能、强人工智能。弱人工智能和普通人工智能最大的区别，在于是否具有深度学习的能力。第三方支付平台或者ATM机是普通人工智能，是具有一定人脑识别功能的人工智能。如果行为人利用机器人的认识错误进而获取钱财的，就构成诈骗类犯罪；如果利用机器人的机械故障获取钱财，就构成盗窃类犯罪。其次，第三方支付平台掌握的用户信用卡信息资料不是简单的卡号和密码，而是与人相匹配的支付信息，行为人发出的指令让平台相信是账户的主人作出的，并根据指令操作交付了财产，此时就是平台受到了"欺骗"，因此此类犯罪应定信用卡诈骗罪。

胡春健：我认为第三方支付平台不能被骗。对于第三方支付平台，账户名与密码相匹配只是前期的信息识别，在信息识别之后再按照要求输入个人信息、卡号、密码等行为才是对机器进行"欺骗"。而当前所谓"欺骗"第三方支付平台转移被害人钱财的行为，仅仅是前期信息识别的结果，并没有进行后续的"欺骗"行为,谈不上对平台的"欺骗"。因此,此类犯罪行为应以盗窃罪论处。

连 斌:机器不能被骗观点的提出是基于工业时代,那时的机器是简单机械,随着社会的发展,现代机器被赋予了信息交互的功能。人脑的功能和反应就是基于人脑与外界的信息交互,并根据信息交互作出决策。AlphaGo战胜世界冠军说明,现代人工智能的发展已经达到信息交互功能程度并能作出相应决策的程度。因此,我赞同机器能够被骗的观点,司法实践中也已经有相关的判例。

许晓骁:刘教授和连总监觉得是平台或机器被骗,但我认为是机器背后的经营者、管理者或者使用者被骗。从目前第三方支付系统的技术水平来看,其与自动售货机实质上区别不大,运行的规则都是人为设定的。只有当机器具有自我学习能力时,即达到强人工智能的程度,才需要考虑机器能否被骗的问题。

五、新型支付模式下侵财类犯罪案件如何定性

施净岚:对于第三方支付平台或是机器能否被骗,还是存在较大争议,仍需要我们不断分析研判,力求在每一个案件中体现公平正义。下面,让我们结合具体案例谈谈新型支付模式下侵财类犯罪案件的定性。第一个案例,

被告人余某某至上海市杨浦区松花江路顾某某店内,未经顾某某同意,私自使用顾某某的手机,将顾某某中国工商银行账户内的人民币一万元通过支付宝转账至个人支付宝账户内。这种侵犯第三方支付账户所绑定银行卡内资金的案件如何定性?

任尚肖[①]:我倾向于盗窃。第一,余某某未经顾某某同意,私自使用其手机,使用过程中

---

① 任尚肖:上海市浦东新区人民检察院检察官助理。

已经侵犯了顾某某的权利，并形成占有。余某某的行为破坏了原先的所有关系而建立起新的占有，符合盗窃罪的条件。第二，盗窃罪与诈骗罪的最大区别在于是否有被害人的处分行为，被害人的处分行为与最后的财产损失是否构成因果关系。这个案例中，被害人不存在处分行为，只有行为人主动实施的侵财行为，所以认定盗窃罪的可能性更大一点。

刘宪权： 我认为本案应该定信用卡诈骗。上述两点中，比较多的还是用民法的角度看待刑事问题。包括主要考虑受害人是谁，受害人没有处分行为怎么能构成诈骗。我一直强调，"刑事看行为、民事看关系"。本案的行为对象是第三方平台，被骗的也是第三方平台，这个平台又是信用卡功能的延伸，行为人利用掌握的信用卡信息资料进行侵财类犯罪，属于"冒用他人信用卡信息"，构成信用卡诈骗罪。

施净岚： 我们再看一个案例。被告人何某某趁被害人吴某某不备，窃取了吴某某手机 SIM 卡，后使用该 SIM 卡登录吴某某的支付宝账号等，并擅自变更密码。后何某某于同年 12 月间，通过 5 种方式多次秘密窃取吴某某的钱款：

1. 通过"蚂蚁花呗"消费；
2. 通过"蚂蚁借呗"向阿里巴巴贷款；
3. 通过"京东白条"消费；
4. 从与支付宝绑定的银行卡中转账；
5. 微信转账。

检察机关以盗窃罪向法院提起公诉，法院对不同行为方式作出如下认定：1、2、3 的行为构成合同诈骗罪，4、5 的行为构成信用卡诈骗罪，数罪并罚。

刘宪权： 我认为 1、2、3 的行为构成贷款诈骗罪。我们讨论的第三个问题已经确定小微贷款公司属于金融机构。第三方支付平台的"借呗""花呗""京东白条"等借贷业务，我们将其看作是金融机构贷款业务的延伸，侵犯第三方支付平台的借贷功能就构成相应犯罪，即贷款诈骗罪。

施净岚： 接下来，我们看第三类争议焦点，侵犯第三方支付账户余额或者理财产品资金侵财类案件的定性。被告人徐某某使用单位配发的手机登录支付宝时，发现可以直接登录原同事马某的支付宝账户，该账户内存有人民偷"支付宝"算不算"偷"

币 5 万余元。次日下午，徐某某利用其工作时获取的马某支付宝密码，使用上述手机分两次从该账户转账 1.5 万元到刘某的中国银行账户，后刘某从银行取现 1.5 万元交给徐某某。上述行为应该如何定性？

胡春健： 我的观点很明确，定盗窃。因为账户余额与钱包里的钱相同，与信用卡没有任何关联。比如我把从银行取的钱放进钱包里，钱包被小偷偷了，我们认为是小偷偷了我的钱，而不是偷了银行的钱。相类似地，假设他人的支付宝没有绑定信用卡，行为人非法获取他人账户余额里的钱，就是盗窃了他人的钱而不是银行的钱，并没有侵犯金融秩序，应该定盗窃罪。

刘宪权： 关于第三方账号余额的性质，大家不要简单地将其理解为归用户所有，因为余额存放于第三方平台里，所以应该将余额理解为第三方金融机构掌控的钱，与银行的金融业务相关。如此，行为人利用虚假信息、伪造信息使用该余额时，就是对平台进行了欺骗，应该按照信用卡诈骗罪来定罪处罚。

许晓骁： 结论上我赞同刘教授的观点，定信用卡诈骗罪，但是原因方面稍有不同。刘教授觉得是平台被骗，我觉得是平台背后的经营者、管理者、使用者被骗。当人工智能达到自我学习的程度时，才能成为被骗对象。现有的人工智能机器不能达到自我学习的程度，因此不能成为诈骗对象。所以，我同意本案是信用卡诈骗罪的定性，但是诈骗的对象不是平台，而是平台背后的人。

施净岚： 接下来，我们讨论下关于冒用他人名义在第三方支付平台注册绑定他人银行卡侵财案件，如何定性。有两个案例可以对比，案例一，被告人趁宿舍无人之际，利用被害人放到宿舍里的手机、信用卡、身份证，冒用被害人信息注册支付宝账户，绑定被害人的三张信用卡，之后通过网上消费方式，套用相关资金，涉及金额 1.15 万元。案例二，被告人吴某与被害人陈某入住宾馆时，吴某利用陈某借给他手机的时机，使用手机号码注册支付宝账户，趁被害人熟睡时将被害人的三张银行卡绑定在支付宝账户中。之后吴某分多次将陈某银行卡里资金划付到他自己控制的支付宝账户中。案例一检察机关和法院以信用卡诈骗罪定罪处罚，而案例二定盗窃罪。对于这种相似的行为模式，司法机关却给出了完全不同的定性，请问刘老师这怎么看？

刘宪权：我认为，两个案件都应定信用卡诈骗罪，都是行为人使用他人的身份证注册了账户，并绑定了信用卡，属于"使用骗领的信用卡"。

六、新型支付模式下侵财犯罪法律风险的防范建议

施净岚：通过案例讨论，可以看出大家对新型支付模式下的侵财类犯罪案件的定性还是存在很大的差异。我们本次沙龙的最终目的是防范、杜绝对此类案件的发生，最后，请几位嘉宾谈谈新型支付模式下侵财类犯罪的法律风险防控。

连 斌：面对新型支付模式下的侵财类犯罪风险，可以采取以下防范措施：一是平台的风控措施，从用户注册到使用，智能风控这道程序会保护用户账户和财产安全。二是账户安全险，用户花少量的钱购买账户安全险后，一旦发生账户资金被盗的情况，可获得理赔。此外，用户自身也应提高风险意识，不要点击来历不明的链接、短信，收到平台发送的验证码信息时不要随意告诉其他人等。

胡春健：我们曾对互联网支付安全做过很多调研，发现互联网支付犯罪大多发生在熟人之间。因此，我认为新型支付模式下侵财类犯罪法律风险的防范，最主要的还是用户自身要加强防范意识，要保管好银行卡、身份证、账户密码，切莫把银行卡照片、身份证照片、手机号码等信息放在电子收藏夹里。

许晓骁：在电子支付中，为更好保护用户权益，可以从事后责任分配角度来予以防范。由于现行法律没有对责任进行明确划分，可以通过司法解释予以完善。针对非因用户自身过错而造成的损失，用户请求第三方支付机构承担赔偿责任时，应给予支持，如果第三方支付机构对损失过错进行抗辩，由第三方支付机构承担相应的举证责任。

刘宪权：问题和解决问题的方法是同时存在的，风险和防范风险的方法也应同时存在。人工智能发展到一定阶段，针对出现的问题，法律要有相应解决对策。法律人士应当积极同金融机构就前沿问题进行对话交流，提前预判问题，并及时通过立法予以完善。

施净岚：今天各位嘉宾从理论、技术和司法实践等不同视角，对新型支付模式下侵财类犯罪的相关问题进行了深入的探讨和分析，为我们今后更好地打击、预防此类犯罪以及保护用户合法权益起到了积极作用，感谢各位嘉宾的精彩发言！

"坏孩子"的明天也要守护
——未成年人保护处分的理论与实践

- 时　　间：2019 年 5 月 31 日
- 地　　点：上海市人民检察院
- 嘉　　宾：姚建龙　上海社会科学院法学研究所所长，时任上海政法学院副院长、教授、博士生导师
  - 倪　铁　华东政法大学副教授
  - 吴　燕　上海市人民检察院检察官
  - 王春丽　上海市嘉定区人民检察院检察官
- 召 集 人：郭　箐　上海市嘉定区人民检察院副检察长
- 文稿整理：王春丽　彭　曦　祁　堃

"坏孩子"的明天也要守护

郭　箐：适逢全国人大社会建设委员会正抓紧形成《未成年人保护法》和《预防未成年人犯罪法》修订草案的关键时期，对罪错未成年人及时开展教育矫治和犯罪预防成为热点话题。今天，我们邀请了诸位专家"大咖"，以"未成年人保护处分的理论与实践"为主题进行本次"75号咖啡·法律沙龙"活动，希望大家都能够有所收获。

一、定位：提前干预，以教代刑

郭　箐：首先请对未成年人"保护处分"这个概念进行厘清，让我们在座的各位同志能够早点进入状态。

姚建龙：在国内，我可能是最早进行"保护处分"研究的，这个词也是我翻译过来的，它的词源是日本少年法。中国在1935年开始使用这个词，在制定少年法草案时，其中有两章，一章叫刑事处分，一章叫"保护处分"。此后，便沉寂了几十年，一直到21世纪，马克昌先生在《比较刑法纲要》介绍日本刑法制度的时候，提到了"保护处分"这个概念，并简要
介绍了日本少年法中有关"保护处分"的几个规定。经过十几年的研究，我才真正明白"保护处分"就是"提前干预，以教代刑"的措施。它既不是刑罚也不是"保安处分"，刑罚是以刑事责任作为适用的基础，它的主要目的是惩罚；而"保护处分"则不然，它是基于未成年人成长需要，在孩子的行为还没有达到刑事犯罪的程度时提前进行干预，换句话说，就是采用刑罚之外的单独的措施进行教育、感化、挽救。这个措施不同于刑罚，也不是基于社会本位，所以"保护处分"又被称为受益性处分措施。在比较了很多的概念，

47

包括德国的教育处分、警戒处分等词后,我发现"保护处分"作为统称比较恰当,它的特点就是"提前干预,以教代刑"。

回到中国语境中,我国少年司法改革要避免"养猪困局"和"斗鼠困局"。所有的先进国家最后都是实行以教代刑措施,只有极少数恶劣的行为才会作为刑事案件追究责任。像日本、美国、我国台湾地区,进入少年司法程序的案件,最后以刑罚进行处罚的比例基本上在3%左右,绝大多数失足未成年人的案件都是以保护处分来处理的。而我们少年司法的困境是,对没有达到刑事犯罪程度的未成年人缺乏相应的干预措施,我们对大多数犯罪未成年人做的是缓、管、免的处理,或者判决3年以下有期徒刑,也就是说大多数的未成年人都是判较低的刑罚。如果有了"保护处分"措施,其实这些孩子不需要贴上犯罪的标签,可以用"保护处分"替代刑罚。

二、实践:试点先行,全市推广

郭 箐:既然现在国内没有完善的"保护处分"制度,那我们实践中的探索进行得如何?

吴 燕:在实务方面,上海积极先行先试,在未成年人保护处分工作中作了不少有益探索。早在2004年,很多基层院未检部门已经开始对那些相对不起诉的对象开展具有保护处分性质的跟踪考察,在2015年上海未检工作要点正式使用"保护处分"这个概念,要求各级未检部门全面开展保护处分探索试点。保护处分制度的探索过程,也展现了上海未检工作制度创新的路径。上海未检工作的创新探索一般是自下而上的,由基层院先行试点,相对成熟后由市院把试点基层院的经验推广到全市,最后出台规范性的文件。经统计,2016年至2018年,全市各级未检部门已经对2800余人次落实了保护处分措施。

"坏孩子"的明天也要守护

姚建龙： 2009年，我在长宁区院挂职的时候，就开始了保护处分的试点工作，做过一些具有保护处分性质的提前干预性措施。在当时学术界和理论界对保护处分研究和探索的都很少，所以，真正进行保护处分试点和使用保护处分概念是上海，真正的先行先试在上海。

王春丽： 我来介绍嘉定区检察院开展保护处分工作的一些情况。我们已经正式建立了保护处分制度并开展相关工作，但在实践过程中仍遇到一些困惑和难题。去年我院办理的"6·8校园欺凌案"中，6名涉案的犯罪嫌疑人中，有3人为未达刑事责任年龄的未成年人，且为纠集者和主要殴打者。该案件引发了我们的思考，很多未成年人在实施犯罪行为前，都

存在一些违法或者危害行为，但未得到及时有效的处理。在办理上述案件时，我院与新春学校（工读学校）签订观护帮教协议，将3名未成年人作为保护处分对象交由该校开展帮教与行为矫治。

去年9月，我院联合区公安、教委等6家单位会签了《关于建立嘉定区未成年人保护处分的工作协议》。协议签订至今，我们已作出保护处分决定42人次，其中有不良行为者共14人，严重不良行为者12人，涉及未达刑事责任年龄涉罪未成年人16人。从措施上来看，开展训诫教育42人，开展观护帮教31人，送新春学校29人，委托进行心理疏导9人，另外还对11名未成年人的法定代理人开展了亲职教育。我们还把保护处分的对象分成三类：第一类是不良行为，比如说逃学逃课后混迹在酒吧等娱乐场所的行为，但对于仅逃学逃课等较轻的行为，我们检察机关不介入；第二类是违反治安管理处罚法的严重不良行为；第三类就是涉嫌犯罪行为。实践中，我们是按照问题严重程度选择是否介入和处理方式。另外，为了加强公检之间的信息互通，我院与嘉定区公安分局签订协议，成立了嘉定区少年警务中心。

在保护处分工作中，最大的难题在于如何改善被保护处分对象的家庭环境。据我们调研，发现85%以上的涉罪未成年人的家庭或多或少都存在一

定的问题，包括父母离异、暴力管教或过度溺爱等。所以，我们在开展保护处分工作中，经常对监护人开展亲职教育，因为涉罪未成年人终究要回归原生家庭。为了提升亲职教育的成效，近期我们还与妇联签了协议，希望借助妇联将亲职教育工作开展得更深入，来共同提高未成年人教育矫治的工作成效。

三、反思：实践探索，制度突破

倪　铁：对于未成年人保护处分，我一直有所关注。嘉定区检察院有很多与公安机关共建的机制，但很多时候，司法具有一个漏斗效应，最大的信息源在公安机关，我们不可能让检察官充当犯罪的首先发现者。我们同德、日等均属大陆法系，引进保护性处分这一学术术语和制度，具有一定的社会和法治土壤。但我们将儿童利益保护、儿童利益最大化的理念和制度文本引进后，真正落实到实务工作当中却千差万别。为什么全国没有统一的未成年人保护处分的基本范式？为什么各地都在做不同的具体措施和模式的探索？探索的过程中是否有程序违法或者过度自我解读的情况？

当然，少年司法也不是一蹴而就的，英格兰搞了一套，苏格兰又搞了一套，北爱尔兰又搞了一套，各个地方有自己的特色，美国各州的少年司法也是如此。少年司法工作做得较早的英国也并不是尽善尽美的，很多少年司法制度也并不能够总是适应迭代更新的社会现状。从另一个角度来说，任何一次变革都伴随着一次犯罪浪潮，经济越活跃的地方犯罪越活跃，制度变革越活跃也可能意味着我们执法过程中的制度变通和体制创新更多一些。因此，在做制度创新时，还需切实做好制度衔接。上海在未成年人保护处分这一块工作的探索已经充分注意到方案的个别化设置，但是同时也要关注怎样来保障不同地区处理的公平性，保障这项工作的长期性和规范性。

"坏孩子"的明天也要守护

吴　燕：我认为，我们是探索，而非对法律法规的突破。法律和制度规定可能是滞后的，而实务界的探索实践永远是超前并且是生动的，这样才会给立法提供最鲜活的样本。我国少年司法体系尚未成熟，如果没有上海未检部门的探索和突破，很多未成年人特殊检察制度不可能写入2012年修订的《刑事诉讼法》未成年人刑事诉讼程序专章。当前全国人大已经启动了《未成年人保护法》《预防未成年人犯罪法》的修订工作，我相信通过少年司法理论界与实务界的共同努力，保护处分制度一定会被吸纳进立法之中。

实际上，我们开展的保护处分探索是在现行《刑法》和《预防未成年人犯罪法》框架内进行的，将上述法律的理念和较为原则的规定转化为具体、可操作的制度。比如，《刑法》第17条规定，因不满16周岁不予刑事处罚的，责令他的家长或者监护人加以管教；在必要的时候，也可以由政府收容教养。但是《刑法》没有规定具体的适用标准、适用程序，这些就需要司法人员在执行过程中加以探索完善。至于公平性的实现，需要一个逐步发展的过程。通过探索建立可行的制度机制，对能纳入视野的未成年人全面落实保护处分措施是第一步；通过修订法律，全面建立未成年人保护处分制度是第

二步。为更好地落实相关法律规定，我们建立了保护处分制度，制定了工作规范，设计了具体程序和法律文书，这不是对现有法律的突破，而是对执行法律的探索。另外，我们还探索建立了诸如线索移送及配合衔接机制、未成年人检察社会服务体系等，对虞犯未成年人开展社会化帮教，也是尽可能吸收更多的社会力量参与其中。

四、完善：立法干预，一体推进

郭 箐：说到立法，我想请教各位专家，从立法上，我们应当如何实现未成年人保护处分的多元干预？

姚建龙：在我所起草的《预防未成年人犯罪法》修订专家建议稿里，设计了包括教育处分、观护处分、禁闭处分、教养处分等四大类保护处分措施，并且明确建议保护处分的适用对象是严重不良行为（违警行为）、触法行为、犯罪行为三类。对于一般孩子的不良行为（虞犯行为），为了避免标签效应，我不主张使用国家强制力进行行政或者司法干预，而建议主要靠家长、学校、社区进行管教，比如明确家长的惩戒权、学校的惩戒权以及惩戒措施的适用程序等。对于未成年人已经构成刑事犯罪的行为，主张可以以教代刑。还没有达到犯罪行为的，也可以提前干预，如对于违反治安管理处罚法的严重不良行为，我设计了包括教育处分、观护处分、禁闭处分等非常系统的保护措施。观护处分就是委托给某种特定的机构，把未成年人带离原来的生活空间，但是又没有被剥夺人身自由，最严重的可以委托给专门学校。禁闭处分，是可以让你去看守所、监狱里体验，执行场所根据行为的特点进行适用，这是借鉴了德国少年法的做法。还有，把收容教养更名为教养处分，并设计为最严厉的保护处分措施。

倪 铁：我觉得未成年人保护处分是十分特殊的司法制度，《未成年人保护法》和《预防未成年人犯罪法》是两个有机结合的体系，如果割裂开来看肯定不合适，甚至还需要其他法律的保驾护航。因此，我主张要一体推进。刚才姚老师提到的立法情况，我觉得立法就是一个妥协的过程，但是有些基本的东西，比如儿童利益最大化、权利平衡、程序公正等基本原则，大家能

"坏孩子"的明天也要守护

够形成共识。检察实务也好，理论研究也好，国家立法也好，其实做的是一个结构性的工作，学者冷眼观察指出缺点，最终目的还是希望这个制度能够切实地推行，然后一点一点来改良和推进。立法的过程，本身就是结合百姓的认知，结合像我这种普通人的认知，结合专家的认知，然后引领社会前进。

姚倩男[①]：在社会支持体系没有健全的情况下，未成年人特殊检察部门还是要承担起来相应的责任。但在工作中有很多困惑，一是依据《预防未成年人犯罪法》规定，逃学旷课、打架辱骂甚至偷窃为同一个层级的不良行为，那么我们到底哪些该做保护处分，哪些不做？二是司法机关执行保护处分是否应当具有强制性？我们是决定权还是建议权？在有些案件当中，未成年人没有触犯法律，但是他有严重不良行
为，检察机关是否应当转交到公安机关做行政处罚，转交后是否需要继续跟踪？如何跟踪？后续我们的强制力体现在哪里？我们的反馈可以体现在什么地方？

姚建龙：《预防未成年人犯罪法》把不良行为和严重不良行为归为未成年人的专属概念，但是没有搞清楚它们之间的边界在什么地方，它和治安管理处罚法中的违法行为，以及构成刑事犯罪的犯罪行为之间是什么关系？同时，界定不良行为和严重不良行为后，法律又没有设置不同于成年人而单独适用于未成年人的措施，这是立法不明晰造成的。

第二个问题指出了我们检察院应该做和不应该做的，没人管的时候检察院就要做。我在很多年前提出 未成年人保护的近距离原则，这一原则的适用公式是：知晓 + 有能力 = 有责任。提出这一原则，是因为我发现在大量的未成年人受害案件中，孩子都是在众目睽睽之下发生了严重的后果，每个人、每个部门都表示很同情，但是都不负责。谁都知道这个情形，但是每个人都

---

① 姚倩男，上海市奉贤区人民检察院检察官。

说我没有责任，所以我就提出了未成年人保护的近距离原则，这一原则提出也是为了克服责任稀释的困境。经常有人跟我说这是不是我该做的，这些问题在现阶段不应该去提，特别是很多部门总是强调说自己没权力、没责任。我要特别强调，检察机关不同于其他的行政权，它是司法和行政权的混合体，它可以有积极作为的特殊权力，也就是说检察权可进可退、可伸可缩，法院是司法被动主义，它不能往前靠，只有检察机关可以去承担或者填补目前未成年人保护的空白点。我当时提出这个原则的时候，也是经历了强烈的思想斗争，最终我改变了原来不干预个案的原则。

吴海云[①]：大多数孩子出问题的根源在家长，我们遇到很多孩子都是家长要么丢给派出所，要么丢给社区，或者父母离异甚至吸毒等。是否可以在立法上增加家长的法律责任？《预防未成年人犯罪法》有一个非常严重的措施就是责令家长管教，但是具体如何管教？如果没有落实管教措施，有没有相应的处罚机制？相应的政府机构和学校，如果该尽的义务没有尽到，有没有相应的责任？

姚建龙：家长和孩子之间是监护和被监护的关系，从少年法的角度来说，家长有三项职责，一是养，二是管，三是教。我们以养为例，不履行养育职责6个月，就可以构成监护侵害行为，可以剥夺监护权。但是，针对这类现象，首先要重视做监护监督，赋予居委会和村委相应的权力；其次还要重视开展监护支持，有些家长有心无力，我们不能简单地去指责、惩罚，而是要支持；再次才是监护干预，有一些不恰当的行为，家长自己不知道，或者说没人教育，那么就需要进行亲职教育；最后才考虑剥夺监护权等监护替代措施。

现行的《预防未成年人犯罪法》的法律责任第一章有规定，如果家长不

---

① 吴海云，上海市黄浦区人民检察院检察官。

"坏孩子"的明天也要守护

作为，可以由公安机关进行训诫。但仅仅有训诫是不够的，预防法还应该设计有对家长的教育措施、治安处罚以及强制亲职教育，甚至按照法律判决定罪。这样的制度设计，是要在家长靠不住的时候，让国家靠得住。

郭　箐：相信通过理论界和实务界的共同努力，未成年人的保护处分能够在全国落地生根，像嘉定的未成年人工作平台七色花一样，绽放出绚烂的花朵。

当坏人老了，司法机关如何应对

——谈涉老案件专业化办理

- 时　　间：2017 年 8 月 8 日
- 地　　点：上海市人民检察院
- 嘉　　宾：王永杰　华东政法大学教授、博士生导师
　　　　　　张　栋　华东政法大学教授、博士生导师
　　　　　　魏　敏　华东政法大学东亚法史研究所所长
　　　　　　孙　颖　华东政法大学中美老龄问题研究中心秘书长
　　　　　　王恩海　华东政法大学中美老龄问题研究中心研究员、副教授
- 召 集 人：曾国东　上海市虹口区人民检察院检察长，时任上海市人民检察院检察官
- 文稿整理：华　肖　尹舒逸

曾国东： 2016年5月中央政治局专门就老年人及老年事业的全面协调发展召开了会议，这说明我国老龄化的程度越来越高，已经得到中央最高决策层的关注。上海是全国进入老龄化社会中老龄化程度最高的一个特大型城市。我们做了一个调研，截至2016年，本市的户籍人口中60岁以上的老年人达到400多万，占整个户籍人口的28.8%，估计到2020年，老年人口将达到500多万。对于上海面临的这种形势，上海检察机关从服务大局保障民生的角度，有必要对老年人这一类特殊的群体加以保护。

各区院是如何据此结合本地区的特点来加强老年人的司法保护的呢？

严忠华[①]： 今年年初，浦东区院根据市院的要求，确定了几项重点工作，其中的一项就是涉老年人犯罪案件办理的工作机制。今年我们具体做了以下几项工作：

一是案件统一归口办理，院党组要求把涉老刑事案件统一由张江院来办理。二是成立了专门的主任检察官办案组来专门办案。三是建立了配套衔接机制，在侦查阶段，对公安机关办理的有关逮捕必要性的证据存在疑问，或者对老年人采取刑事拘留的重特大案件，适时介入引导侦查取证，并提出倾向性的意见，要求提供法庭审判所需的证据材料。对证据不足而不批准逮捕的涉老年人刑事案件，业务部门承办人需加强跟踪监督。四是开展法律援助工作，我们和区司法局签订了开展法律援助的实施意见，如果老年犯罪嫌疑人没有辩护人的，司法局将为他们提供援助律师进行辩护，以此更好地保障老年人的合法权益。五是在强制措施的适用方面，对老年犯罪嫌疑人尽可能地采取非羁押强制措施，慎用逮捕措施。对已经逮捕的老年犯罪嫌疑人进行羁押必要性审查，如果认为确无必要，经领导审批后可以变更强制措施为取保候审或者监视居住。六是刑事和解的适用。对涉及老年人的刑事案件，应听取双方当事人及其亲属的意见，对于有和解意向的，办案部门可以主持

---

① 严忠华，上海市浦东新区人民检察院检察官。

刑事和解。如果达成和解协议的，可以作为量刑的考虑因素。如果符合法定不起诉条件的，可以决定不起诉。对依法应当提起公诉的，可以向法院提出从宽处罚的量刑建议。七是要精准量刑。对于可以判处拘役或者也可以判处有期徒刑的，应明确建议判处拘役。对可以适用单处罚金的，应明确建议单处罚金。对符合缓刑适用条件的，应当在量刑建议中注明。八是司法救助。对于双方当事人一时不能达成和解协议、犯罪嫌疑人也不愿赔偿的，公诉部门为涉案的老年被害人通过司法救助的形式申请补偿。九是探索捕诉防一体化工作模式。习总书记要求上海在推进社会治理创新上有新作为，所以我们在这个方面积极探索。我们这几年办理的集资诈骗、非法吸收公众存款案件比较多，被害对象多为老年人。我们通过电台广播报纸等渠道加强法治主题宣传，同时加强检察建议的制发工作。比如，我们最近办理的一个案件，有个老年人多年前受过刑事处罚，户籍被撤销，他刑满释放后没有了户口，也就没有生活救助。对此我们向公安派出所制发了检察建议，派出所目前正在办理恢复户口的手续。在另外一个案件中，我们发现有的老旧小区夜间照明设施不完备，夜间行车容易对老年人造成伤害，我们通过这个个案向公安机关和社区制发检察建议，帮助督促整改，取得了较好的社会反响。

　　通过这段时间的试点探索，我们积累了一些经验，但同时也感到有一些困难和不足。一是机构还不够健全。我们浦东检察院已经成立了专门的办案小组，但是公安和法院还没有专门的办案组织，所以在老年人案件的沟通协调方面还存在一些问题。二是办案力量不足。通过前三年的办案数据分析发现，每年涉老案件的数量在不断上升。涉老刑事案件涉及一些社会管理创新方面的漏洞，办案中社会工作会牵制很大的精力。三是社会保障需进一步加强。老年人的社会保障牵涉到社会的方方面面，很多工作不是我们检察机关可以解决的。四是我们自身的队伍素能建设需进一步加强。对于涉老年人案件，无论从打击还是预防犯罪的角度，都需要我们了解老年人的所思所想。未检工作中有心理咨询师的培训，同样，办理涉老年人案件也要求我们检察队伍当中有一批熟悉老年人心理的人才。目前我们干警的素质尚不能够完全适应时代发展的要求，我们还需要努力。

顾　文[①]：众所周知，静安区属于中心城区，所以老年人口占户籍人口比重一直是比较高的。静安区院从2009年就开始探索老年人司法保护这项工作，取得了一些成效。我院及有关业务部门还获得了"全国老年人保护先进集体"的称号。去年以来，从中央到地方更加突出关注老年人司法保护的问题，所以我院也把老年人司法保护作为今年的重点工作，即作为我院的"一院一品"项目进行了申报。

我主要介绍三方面的情况。第一，我院近年来（2014年1月至2017年4月）办理涉老案件的基本情况：

一是受理犯罪嫌疑人145件181人、被告人190件252人，占同期犯罪嫌疑人、被告人比例的2.6%、2.8%，主要涉及盗窃罪，贩毒、非法持有毒品罪，开设赌场罪。老年被害人、证人也占有一定比例，主要涉及合同诈骗、非法吸收公众存款、盗窃、敲诈勒索等罪名。二是受理涉及60岁以上老年人权益保护的民事行政检察监督案件61件，主要涉及离婚纠纷、民间借贷、共有纠纷、排除妨碍、相邻关系、赡养费纠纷、动拆迁纠纷、继承纠纷。三是区内因涉嫌刑事犯罪被羁押在看守所共有300余人，其中60—70岁占比最高，达92%，80岁以上仅有2人。被羁押老年人中本市户籍占比高达75%。四是接受社区矫正的60岁以上人员共124人，目前仍在册的33人，占全区社区矫正人数的10.38%。其中，60—70岁的27人，70—80岁的4人，80岁以上的2人。从判决罪名上看，现有接受社区矫正人员中诈骗类犯罪占30%、故意杀人、故意伤害等暴力犯罪占12%。五是60岁以上救助对象有9人，占救助总人数47%，总金额人民币4万余元，主要救助对象为刑事案件老年被害人。

第二，我院的主要做法：一是立足区域实际，充分认识到老年人是社会的特殊群体，老年人犯罪、服刑影响全社会，老年被害人、证人、申诉来访人权益受损也会对其家庭和个人产生严重影响，提高执法意识，将应对人口老龄化要求落实到检察工作中。二是明确基本原则，坚持分类保护、人文关怀、及时有效、综合保护原则，推进对涉案老年人全程、全面、专业保护。

---

① 顾文，上海市静安区人民检察院检察官。

在刑事、民事、行政检察工作中综合发挥惩治、预防、监督、教育、保护等职能作用，加强对老年人合法权益的保护。对在办案中发现违反法律侵犯老年人合法权益的，综合运用抗诉、检察公函、检察建议等方式，依法提出纠正意见。三是深入调研建立机制，实现老年人案件办理、权益保障规范化。今年以来，在公诉科、侦查监督科相继成立专门的检察官办案组。在社区矫正环节实施"五必谈"。对老年举报、控告、申诉等来访人，优先接待、优先受理、优先审查。研究室起草《涉案老年人权益保护工作规定》提交院检委会，以制度固定工作探索成果。四是加强沟通联动，与社会各职能单位、部门、机构合作，依托社会力量扩大老年人权益保障工作成效。借助电台、电视台、报刊等媒体进行法治宣传，营造敬老、护老的法治环境。

上述工作已现成效：一是对轻微的涉老刑事案件谨慎入罪。2014年以来，不捕47人，不诉2人。二是积极挽回涉案老年人损失。针对非法吸收公众存款案投资人老年人众多、信访矛盾突出的问题，积极督促涉案公司兑付投资款，已有2起非法吸收公众存款案件实现全额兑付，挽回700余名投资人的损失7亿余元，相关做法受到市院张本才检察长批示肯定。三是及时开展司法救助和其他帮扶工作。对因他人犯罪行为遭受重大损害，且无法及时得到赔偿和其他社会救助，导致生活、医疗救治等陷入严重困境的老年被害人，在经济、心理等方面优先给予救助。四是加强法治宣传工作营造爱老氛围。组织干警参加市老年学学会、静安寺街道举办的大型公益咨询活动，在媒体开展老年人权益保障专题宣传，作客东方网嘉宾聊天室，在线回答网友提问，制作并发放《老年人防骗须知》等宣传资料2000余册，受到老年人欢迎。

第三，需要我们进一步解决的困惑：一是对老年犯罪嫌疑人、被告人到底需要保护到什么程度？是否把保护的重点放在75周岁以上，而且有疾病的老年人？二是我们与公安机关的进一步沟通协调问题。三是我们内部的分案机制的流转问题。

曾国东：以上是我们检察机关探索老年人司法保护的情况。下面，请各位专家发表自己的看法和意见。

当坏人老了，司法机关如何应对

王永杰：上海的老年人口从数量上看，差不多和欧洲的一个国家的人口相当，从这个意义上看，研究老年人犯罪是很有必要的。

我们遇到的案件，很多时候不只是刑事案件，有些案件可能涉及不同行为的交叉，会涉及社会管理、社会服务部门。这就需要我们公检法等司法机关与行政机关、民政部门统一协调、配套运行。

对老年人的概念，是把标准定在60岁、65岁还是75岁，可以进一步研究。我觉得目前很多60岁的老年人看上去比年轻人都精神，而且很多情况下，老年人在财富方面也有优势。我比较赞成是对75岁以上的老年人可以特别关注些。

保护的内容是侧重于实体方面还是程序方面。我的看法是司法保护更多的是程序上的保护，因为实体保护很大程度上要有上位法的规定，这不是我们能决定的。我们可以把相关规定和司法解释的内容，如从宽、从重以及其他酌定情节梳理出来，然后制定一个量刑指南，这样更有操作性。

对老年人的保护，不只有犯罪嫌疑人、被害人，有的时候也有证人或者申诉人。

我认为，保护重点是生命财产安全。近年来，媒体报道的一些案件确实触目惊心，如一个小保姆连续多次杀害老人，还有老太太长期瘫痪在床，后来老头实在无法忍受把她杀死。还有目前以老年人为对象的诈骗犯罪比较多，比如以以房养老的名义骗房子、骗保险金、养老金，诱骗买原始股等，实际上就是诈骗。而且我觉得一段时期内这种诈骗会更多，利用老年人缺少关怀，上门行骗，比如假装擦玻璃、免费修油烟机等，忽悠老年人买各种药。还包括电信诈骗、非法集资、传销等。所以我认为一定要包括诈骗。

对于讯问犯罪嫌疑人时律师在场的问题，有的在地方试点，律师在只能看、不能听的玻璃墙后看，监督没有刑讯逼供发生，讯问结束律师签字认可。我认为这样探索是比较可行的。

在老年人案件管辖方面，我认为可以探索的是参照法院的未成年人案件进行跨区管辖。因为每个区院都设立专门机构,没有必要且比较分散,因为案件总量也不大。所以,分片管辖比较合理,耗费的资源也不多。另外市院要注意加强办案指导,充分发挥重要作用。

张　栋: 我从刑事诉讼法专业的角度,谈谈对这个问题的认识。

首先,老年人的司法保护,确实是一个非常重要的命题。上海检察机关如果能够抓住这点,形成一些在全国范围可复制可推广的经验,确实是非常有意义的。我们追求的理想社会,就是无人不饱暖,无人不平等的社会。刑诉法实际上是一个权利保障法,最基础的要求就是平等保护权利,但是它的实现路径一定是不平等的,因为每个个体的能力是不一样的,所以在保护的时候,必须不断地把人群加以区分,然后将保护的政策向弱势人群倾斜,这才是公正的。整个法律发展的历史非常清晰地展示了这样一个路径,比如刑法保护盲聋哑人、保护孕妇、保护未成年人、保护精神病人,就是在不断地对人群进行区分。现在刑诉法甚至对于生活不能自理人的唯一抚养人,也作为一个类别,这是法治进步的一个标志,刑诉法把它称之为个性化的处遇。我们正在进入老龄化社会,在这个时间点上能够做出我们上海的保护老年人的成绩来,对社会治理、司法进步都将会有重要意义。

其次,要构建老年人司法保护的体系,不能是泛泛的,比如论述这个主题的重要性、讯问时应当如何、适用强制措施应当如何,等等,这样是没有特色的。

要想真正有实质性的推进,我认为必须要有制度性的建构。从我专业的角度,想提两点建议。

第一,<u>探索建立诉讼代理人的法律援助制度</u>。我们现在的刑诉法上的法律援助主要是指辩护,也就是特定机关对于特定的犯罪嫌疑人,有义务为其指定辩护律师。我赞同主要保护老年被害人。如果检察机关承办一起诈骗案件，涉及很多被害人，其中既有老年人，也有非老年人，从特别保护的角度出发，就要分案了，但这是不可能的，我们可以做的是，在起诉时，因为老年被害人相对保护自身权利的能力比较弱，我们可以与司法局沟通协调，实行指定诉讼代理人的法律援助。从实际办案的情况看，诉讼代理人也可以帮检察机关做很多解释工作。

第二，建立公诉支持自诉的制度。我国的刑事自诉制度是全世界独有的。世界上有很多国家是实行起诉法定主义，也就是没有自诉制度。但是也有一些国家是公诉和自诉相搭配的，但是自诉制度也不是像我国这样的。具体而言，比如说我国的"告诉才处理"与国外的"告诉乃论"绝对是志趣迥异的。主要的区别在哪里呢？我个人把它归结为，国外的"告诉乃论"是"踩刹车"型的权利，我们的"告诉才处理"是个"踩油门"型的权利。也就是说，国家法律规定了某些行为是犯罪行为，如果是"告诉乃论"的话，这个事情一旦发生了，国家就必然启动追诉程序，但是如果在这个过程中，权利人不希望继续追究了，那么这个案子就停止了，这叫"告诉乃论"。而我国的"告诉才处理"就不同了，是我只要不去告，国家就不管。这完全是两回事。所以，这种制度长期实行，就可能导致一些非常严重的状况。比如老年人维权的能力是非常弱的，法律规定了"告诉才处理"，但是农村的很多老年人是没有能力去诉讼的。比如，在农村对不赡养老人的不孝之子，就是村委会主任批评教育一下，这种教育完全达不到应有的效果。所以我们检察机关应当真正维护国家正义，不能放任这种社会风气的败坏而无动于衷。我认为我们现在的自诉制度应分为三种情况：一是纯自诉，二是自诉和公诉相混合，三是公诉转自诉。我们可以做些制度创新，比如公诉支持自诉制度。有的老年人长期遭受虐待，这种情况实际上居委会都是知道的，那么我们检察机关可不可以针对这种情况，开展工作。我相信这种情况的数量不会太大，因为能达到刑事评价程度的数量不会太多。如果老年人的生活质量非常差，对老年人的权利侵害也非常严重，我们检察机关去找家庭中的侵害人和老年人，告知其这种情况是可以用公诉来支持自诉的，老年人是有权利向法院提起自诉的，而且因为是告诉才处理，你是可以随时踩刹车的。最起码检察人员可以帮老人申请个禁止令。我相信如果浦东、静安院能够办理一两个这样的案件，社会效果会非常好。

魏　敏：我主要是对日本的情况做了一个调查，希望调查结果对大家有所借鉴。上海的老龄化已经比日本还严重了，日本也就是10年前到20%，2025年能到30%，以我们刚才谈到2020年我们要到30.8%，已经超过日本。但日本在10年前遇到老龄化问题的时候，整个政府遇到恐慌，所以在2007年、2008年，它的犯罪白皮书中出现了很大的变化，以前白皮书中有未成年人犯罪、毒品犯罪、暴力犯罪等，从2008年开始每年的白皮书就专门列了老年人犯罪的专项。很有意思的一点是，上海老年人犯罪比较分散，而日本老年人犯罪80%都集中在盗窃，基本上男性是72.84%，盗窃女性是90%，综合起来是80%以上，而且其中有很多是非常轻微的盗窃。在我国可能很多时候到公安局报案，会由于金额太小而不立案，但在日本是盗窃一个面包都会立案开展工作的。日本还有一个特点是送检率其实并不高，基本上是32%。入狱率是4.9%。如果财产是2万日元以下的，当事人可以去和解。

日本也出现过一个非常极端的案例。去年在北海道附近一个72岁的老年人，他是去百元店，类似我们的五元店，偷了两个面包和一个勺子，最后法官判他5年有期徒刑，这在中国是不可思议的。但是案件的背景是他是累犯，从2003年开始就一直在不停地实施小盗窃。日本的老年罪犯中累犯特别多，犯罪情节往往特别简单，但就是会不停地犯。刚才提到的72岁的惯犯就是这样的，他每次就偷一点小东西，第一次被抓获可能会被放过，等到再犯的时候，就如同市院研究室的指导意见中提到的社会影响恶劣、主观恶性大，就会因为是惯犯而被法官判处较重的刑罚。

日本的媒体也报道过这样的新闻，有的盗窃犯说自己也没法克制，一到商店里就会想偷，已经成为一种病了，就是我们说的盗窃癖。日本有很多老人都有盗窃癖，日本东京检察院做过一个调查，从调查结果看，在139名因盗窃宣判的老年人罪犯当中，男性117名，女性22名，66.1%的男性回答是因为生活贫困。经历过日本经济的黄金时代的老年人，虽然他们的养老金没有10年前好，但是日本的社会保障非常好，不工作一个月至少也能有10万日元。对于宣告个人破产的人是有其他的措施，但是也不至于要到超市去偷窃。而这66%的男性为什么回答是因为生活贫困，是因为没有其他借口了。63%的女性回答说就是想偷东西。在日本，还有调查说有一些老太太犯罪是为了找人聊天，因为犯罪后警察就会来跟她讲话，不至于闲在家里发慌。还有一种是精神需求，有的人说偷东西会精神振奋，所以就偷一个面包。当然还有一点就是日本老人精神上的贫困，现在日本很多老人跟子女是分开居住的。现在日本政府很鼓励两代人、三代人一起住，但是战后日本的户籍政策——三代不同籍导致现在日本的两代人是分开居住的。现在日本人基本上年轻人是一个家庭，老年人是一个家庭，老年人会非常孤独。

现在日本政府也非常注重老年问题，去年七月组织了一次会议，商讨如何解决老年问题、老年人犯罪问题，最后是制定了一个方针，叫作刑事司法与地方社会协助，是官民一体的。因为他们发现单靠法院、检察院、警察机构是无法解决问题的。根据日本老年人犯罪盗窃居多、轻微犯罪居多的特征，更多的是要帮助老年人回归社会，而这个是检察院和法院很难靠自己的力量做到的，所以设立地方生活协作中心地方的福利院等。刚才大家提到司法机关是否要设立专门机构，实际上日本在10年前就开始设置各种专门机构，前几年最高检设置了一个专门委员会，叫作认知障碍专门委员会，就涵盖了很多老年人问题；还有刑事政策委员会，它表面上不仅仅是处理老年人问题，但实际上处理的大部分都是老年人问题。地方检察院同样也设置了很多机构，名义上不是专门为老年人的，但是工作中主要是以老年人为主。同时，工作中纳入了很多专业人士，比如医生等。

但日本现在还有一个问题，也是我们刚才提到的，就是把老年人定义在60岁以上还是65岁以上。目前，法律上定义的老年人是65岁以上。他们也认为目前65岁的人普遍很健康，日本人普遍长寿，百岁的都很多，而且六十几岁的人也在工作，70岁以上还有老年驾驶证。所以现在日本的相关政策还在探讨中，国家考虑把老年人的定义从65岁提高到75岁。

王恩海：从今天研讨的情况可以看出，同一问题需要有不同学科的人来共同讨论。现在的很多社会问题都是刑事程序法领域里的问题，刚才张栋老师提到的公诉支持自诉，我虽然不太熟悉，我们要搞创新，也应当是在现有的法律框架范围内来进行。从诠释实体法的角度来讲，我认为如果要将老年人拿出来单独讨论，无论是作为被告人还是被害人，首先要明确他  们和一般的人区别到底在哪里？就像针对未成年人犯罪已经形成了不同于成年人犯罪的刑事政策，就是"教育为主，惩罚为辅"，"教育、感化、挽救"。这些政策在实施过程中，我们这几十年发展下来也形成了一大批如张栋老师所讲的"拳头产品"，比如圆桌会议审判、前科封存消除等。未成年人犯罪甚至在专门的学科设置中也有一席之地，我们学校的犯罪学下设未成年人犯罪，是犯罪学的一个研究分支。

我也一直在考虑，老年人司法保护，到底是侧重于被告人还是被害人，区别到底在哪里？像刚才张老师提到的，老家有老年人没人管，但是要管到什么程度，可能每个人的理解是不一样的。我的外公、外婆老了之后没有劳动能力，在我们当地风俗很简单，是儿子轮流照顾，一个儿子照顾一个月，到月底了，老大就推着老人送到老二家里，一个月后再送到老三家，这在农村已经形成了非常规范的做法。也有的老人就喜欢住在某一个孩子家里，觉得对他更好一点，所以到了月底他就很伤心。这就是说在乡土社会中，尤其是农村里，还保留着一批传统的规范来约束赡养、抚养关系。在此情况下国家强权部门强行介入，会不会取得预期的社会效果呢？不过上海和我们老家的农村还是不一样的，在这种情况下，在我们上海这种经济比较发达地区、老年人的经济能力比较强的地区，应当采取什么样的制度，我们可以再进一步讨论。

我最近也认真研究了刑事实体法，我思考老人与其他人最大的区别可能是他们的认知能力和控制能力有所下降。所以我认为人文关怀可作为一个单独的基本原则。

张　栋：我刚才提出的公诉支持自诉没有任何法律上的突破，在我们现有的法律框架下，它实际上还是自诉。我想的是目前这种制度设计，是因为国家责任严重缺位，那么怎么解决这个问题？公诉支持自诉，就是因为老年人没有举证能力，由检察官来出面征求他的意见，告诉他是可以维权的，如果愿意不追诉他，也可以随时停止自诉。但是检察官可以帮他收集举证，把证据作为自诉提交给法院，这完全还是老人的自诉，而不是由检察院主导，变成公诉案件了。在现有的制度框架内，哪怕最后能帮这种老人申请一个禁止令，对他的生活条件也是有所改善的。所以我认为检察机关作为维护公民权利的机关必须要有所作为，而且这不会增加太大的工作量，因为可以到刑事处罚层面的肯定是个别情况。刑事法律是评价社会中最极端的个别情况，但是对这种个别情况的矫正有极其重要的意义，对于权利保障起着不可替代的作用。如果我们能够了解到相关情况，做几个这样的案件，扭转国家责任缺位的状况，我认为是功德无量的一件事情。

我讲第二个制度就是诉讼代理人的法律援助，我认为也没有制度上的障碍。因为这是赋权性的，是对被害人的救助。检察机关可以和司法局会签一个文件，凡是涉及老年人可能将来变成信访案件的，在诉讼过程中就为其指定诉讼代理人。诉讼代理人可以耐心听取老人权利受损的状况，并为其解释法律，由此也可以减少一些我们的办案压力，有很强的操作性。

孙　颖：我觉得对于涉老侵犯人格尊严一类的案件，检察机关可以多做些工作。我在做兼职律师经常有当事人会跟我提出要求赔礼道歉，尤其是邻里之间的纠纷的赔礼道歉。赔礼道歉在审判理论上真的是非常重要的一个问题，这种跟人格尊严有关的民事责任形式是很重要的，但是它的执行情况怎么样，大家都不太关注。但这个对社会关系的修复非常重要。我觉得对于涉老的人格侵权的案子，可以在执行上用我们检察的力量加持一下。

关于保护范围的问题，也就是受保护的老年人年龄范围问题。老年人权益保障法规定是 60 岁，刑法上有对 75 周岁的特别规定，但是这毕竟只是特定的情况，只有参考价值，不能成为绝对的依据。回头看老年人权益保障法所规定的 60 岁，是跟社会福利、社会保障、社会服务这些制度相衔接的，因为 60 岁是退休年龄。所以年龄在我们设计制度的时候是一个参考，我认为可以用一种灵活的形式，把年龄因素作为一个考量因素，以 60 岁为起点，但是否是保护的对象还要综合其他的考量因素。

还有关于涉老案件的专业化问题。我们应当考虑怎样具体专业化一点一点地落实。有两个现象是特别值得我们参考的，一个是上海的未检工作是如何从长宁法院开始，做成了今天的效果的。还有一个就是静安法院的老年庭是怎么开展工作的。我觉得人员专业化确实是非常有必要的，如果将来涉老检察官有专业化选择的话，我觉得最早的这一批人员的选择尤其重要，一个是品德，另一个是通达，还有要相对成熟。其次是设立专门的机构，这里涉及案件数量的问题，解决这个问题可以用前面提到的划片儿的办法，既然现在未成年案件是归口四个片，涉老案件也可以参考。

检察院还管拆房子
——优秀历史建筑保护公益诉讼探讨

- 时　　间：2019 年 7 月 12 日
- 地　　点：上海市人民检察院
- 嘉　　宾：刘　艺　中国政法大学教授、博士生导师
　　　　　　杨代雄　华东政法大学教授、博士生导师
　　　　　　练育强　华东政法大学教授
　　　　　　林仪明　上海市人民检察院检察官
- 召 集 人：屠春含　上海市人民检察院检察官
- 文稿整理：陈　雯　尹舒逸

屠春含： 上海作为一座极具现代气息又深怀历史文化底蕴的城市，不仅拥有大量现代化的摩天大楼，也拥有许多历史文化风貌区和优秀历史建筑，具有重要的历史价值，是人类文化的宝贵财富。近年来，随着法治建设的进步和法治观念的增强，历史建筑的保护问题逐渐被各界关注。公益诉讼是法律为保护公益而赋予检察机关的一项新职能，检察机关能否主动运用这项新职能积极助力历史建筑保护？其中又面临哪些问题和挑战呢？今天请来各位法学专家和检察业务专家共同探讨这些问题。

一、当公共利益遇上私人所有权：历史建筑的公共利益衡量

屠春含： 第一个问题是，历史建筑保护是否涉及公共利益？

练育强： 这个问题在我看来主要取决于如何界定优秀历史建筑，即首先要判断"优秀历史建筑"究竟是什么？一栋建筑一旦被认定为历史建筑，就具有了特殊的价值。**历史建筑在城市建设过程中，通过历史文化的沉淀，被赋予了文化、审美、教育、环境、社会及历史等多方面的价值，形成了城市遗产的"遗产价值"，并由《文物保护法》等法律法规对我国公民欣赏体验历史遗产的权利进行保护，从而体现出公益属性。**

刘 艺： 我赞同练教授的观点，历史建筑的保护涉及公共利益。《上海市历史文化风貌区和优秀历史建筑保护条例》中对"历史文化风貌区"和"优

检察院还管拆房子

秀历史建筑"进行了界定。① "历史文化风貌区"和"优秀历史建筑"不仅仅是建筑或民法一般意义上的"财产",它们具有强烈的不可替代性,一旦损毁或遭破坏,其蕴含的历史文化价值将难以弥补。另外,"历史文化风貌区"和"优秀历史建筑"符合《文物保护法》第2条中的规定,属于我国国家保护的文物范畴,与公共利益紧密相关。

林仪明: 公共利益是不确定法律概念,具有广泛性的特点,尽管理论上的争论还在继续,但"公共利益"内涵的复杂性和外延的不确定性已是学界的共识。因此,"公共利益"绝不仅仅包括法律明确列举的那几个领域的公共利益。历史建筑是特殊的不动产,除了基本的财产属性之外,还承载了一定的历史信息,具有重要的历史、文化和艺术价值,这种价值不仅归属于不动产的所有权人,也归属于社会

公众,因此涉及公共利益。

屠春含: 对于这个问题大家的意见比较一致,一旦被列为优秀历史建筑,就等于认可其具有历史文化价值,是一种不可再生的历史文化资源,是国民市民共同的精神寄托,无疑涉及公共利益。但是如果历史建筑产权归个人或企业所有,能不能就财产所有权和公共利益之间作出区分呢?

练育强: 实际上,上海的优秀历史建筑中,公有的占大部分,私有的属于小部分,公有的历史建筑租赁给他人,其间发生了损毁,要求承租人进行

---

① 《上海市历史文化风貌区和优秀历史建筑保护条例》将"历史文化风貌区"界定为"历史建筑集中成片,建筑样式、空间格局和街区景观较完整地体现上海某一历史时期地域文化特点的地区"。将"优秀历史建筑"界定为"建成三十年以上,并有下列情形之一的建筑,可以确定为优秀历史建筑:(一)建筑样式、施工工艺和工程技术具有建筑特色和科学研究价值;(二)反映上海地域建筑历史文化特点;(三)著名建筑师的代表作品;(四)在我国产业发展史上具有代表性的作坊、商铺、厂房和仓库;(五)其他具有历史文化意义的优秀历史建筑"。

赔偿，这没有任何问题。对于私有的房屋，虽然个人享有充分的处分权，但也要兼顾其他，房主擅自进行破坏或者迁移，损害了公共利益就不行。虽然这个优秀历史建筑是私人的房产，但它的价值要供全社会、全人类欣赏，带有公共利益的属性，所以它的处分要受限制。

杨代雄：历史建筑保护涉及公共利益，历史建筑不仅仅是一项私法上的财产，还是一个文化载体，其所承载的历史文化价值并非归属于建筑物所有权人一人所有，而是可以由公众分享的公共财富。如果建筑物上的历史文化价值遭受损害，则损害的是公共利益，无论该建筑物归私人所有还是国家所有。

刘艺：法律出于公共利益的考虑，以强制性规范对私权施加合理的限制是必须的，体现的是所有权人应当承担社会义务的理念，所有权人在行使所有权时，必须合于国家社会的公共利益。衡量针对所有权的限制性立法，如果这项规定的收益之和大于由此产生的消耗，那么这项立法就是具有正当性并且符合人们要求的。可以采取以下措施来实现公共利益和私人利益的平衡：一是明确界定公共利益的范围；二是实现公共利益必须遵循严格的法律程序；三是考虑所获得的公共利益的大小是否值得被限制私权所作出的牺牲；四是一旦对私权的限制超出了必要限度，要为受限制的权利主体提供救济机制，保障其获得救济和赔偿的权利。

二、"等"外辨析：历史建筑保护领域的公益诉讼可行性

居春含：虽然理论上对于私有历史建筑在行使物权时要受到一定限制，大家都有共识，但是如何界定公共利益（社会价值），能否用金钱衡量，采取什么样的程序，如何平衡两者利益等还缺乏相关的法律依据。那么既然如此，能否在历史建筑保护领域开展公益诉讼呢？

练育强：破坏历史建筑的行为能不能纳入公益诉讼的范围？如果立足于

法律所列举的具体范围，那显然不在其中。但从另一个角度，关注对损害公共利益行为这一本质要件的判断，会发现相关法律条文其实是一个开放式的规定。如果我们界定损害或者是迁移历史建筑是破坏公共利益的行为，就可以提起公益诉讼。

刘 艺：对破坏历史建筑的行为开展公益诉讼，可以从生态环境领域入手。就"环境"这一要素来说，根据《环境保护法》的规定①，"环境"包括自然环境和人文环境，而其中的"人文遗迹"则为人文环境中最典型的因素。《辞海》解释"人文"为"人类社会的各种文化现象"，因此，"人文遗迹"是可以覆盖到具有历史意义、艺术意义等的建筑或建筑群上的。

林仪明：历史建筑保护虽然没有在《行政诉讼法》中明确作为检察机关提起公益诉讼的范围，但是现有法律已经为历史建筑保护纳入检察公益诉讼范围提供了法律依据。我认为可以从两个途径开展文物保护检察公益诉讼：一是按照《物权法》和《文物保护法》，文物财产具有国有属性，可将其纳入检察公益诉讼国有财产范围。二是依据《环境保护法》和《文物保护法》的规定，将其纳入检察公益诉讼生态环境和资源保护领域。

屠春含：上海检察机关从保护国有财产、人文遗迹等角度，在文物和历史建筑保护方面做了探索，比如虹口区检察院针对德邻公寓被破坏问题探索公益诉讼、宝山区检察院针对丰德桥保护不善问题推动当地主管部门强化保护力度等实践做法，效果较好，今天的专家意见进一步为我们夯实了理论依据。但就历史建筑保护开展公益诉讼，始终存在"等"内和"等"外的争论，各位对这个问题如何理解呢？

林仪明：首先，从文义解释上看。《现代汉语词典》中关于"等"字用于列举之后有两种含义：一是"表示列举未尽"；二是"列举后煞尾"，法律条文中亦同。在文义解释无法解决法律规定的模糊乃至歧义时，我们为探寻法律的本意，就要寻求其他的解释方法。其次，从论理解释上看，十八届四中全会关于设立检察机关提起公益诉讼制度的目的：一是发挥检察机关的法律

---

① 我国《环境保护法》第 2 条规定"本法所称环境，是指影响人类生存和发展的各种天然的和经过人工改造的自然因素的总体，包括大气、水、海洋、土地、矿藏、森林、草原、湿地、野生生物、自然遗迹、人文遗迹、自然保护区、风景名胜区、城市和乡村等"。

监督职能，促进法治政府建设；二是加强公共利益保护，而列举范围仅是举例。因此，从制度设立目的上并没有对检察公益诉讼的范围进行限定，不排斥在法律规定"等"外领域进行拓展。最后，从现实需要看，现有法律明确规定四个领域和公民生活密切相关，有必要将文物保护和安全生产等领域纳入公益诉讼法定范围。

练育强：公益诉讼"等"内和"等"外的问题涉及公益诉讼受案范围的判断。在民事公益诉讼领域，受案范围不应局限于"破坏生态环境和资源保护以及食品药品安全领域"。在行政公益诉讼领域，由于行政代表的就是公共利益，一旦违法行使职权或者不作为，就是对国家或社会公共利益构成了侵害，可以提起行政公益诉讼。在实践中，行政公益诉讼范围早就突破了，例如浙江省宁波市的"骚扰电话"整治公益诉讼案、上海虹口德邻公寓历史建筑保护案等。

杨代雄：《民事诉讼法》第55条规定民事公益诉讼适用范围时，"等"这个字存在解释空间，在需要的情况下可以解释为其他类似情形也可以适用民事公益诉讼。关键是，该条规定须由"法律规定的机关"提起民事公益诉讼，取决于检察机关在该领域是否为《民事诉讼法》第55条中的"法律规定的机关"。

三、行政还是民事：历史建筑保护公益诉讼的方式选择

屠春含：公益诉讼受案范围在列举几类情形的后面有个"等"字，这表明法律要求我们首先要全力以赴做好列举的这几个领域内的工作，其次也为在其他领域开展公益诉讼留出了空间。检察机关对于"等"外领域的探索总体秉持积极稳妥的态度，上海在运用公益诉讼手段保护优秀历史建筑中也贯彻了这一精神。那么对于历史建筑保护，是否既可以提起民事公益诉讼，也可以提起行政公益诉讼？

练育强：以公益诉讼方式维护文物公共利益，有行政公益诉讼和民事公益诉讼两种方式，这两种公益诉讼保护的法益及制度功能存有差异。具体而言，行政公益诉讼本质上系对行政机关在维护历史建筑公共利益上的不作为

检察院还管拆房子

或乱作为提起行政诉讼，以纠正违法行政行为，并促使行政机关依法履责；而民事公益诉讼则是对公民、法人或其他组织侵犯历史建筑公共利益的行为提起的侵权诉讼。因而，一般而言，检察机关提起历史建筑保护行政公益诉讼的落脚点是促使行政机关依法履行法定职责或纠正违法行为，而当检察机关提起历史建筑保护民事公益诉讼时，则意味着存在行政机关不作为乃至行政权能相对失效的负面评价。在此意义上，历史建筑保护民事公益诉讼程序的启动须遵循谦抑性的原则，即立法应当确立文物保护行政公益诉讼优于民事公益诉讼的原则。

林仪明：民事公益诉讼由于直接诉诸法庭，面临着法院是否同意受案的问题，这是不得不考虑的现实问题。检察机关可在破坏公私财物、文物等刑事案件中探索提起附带民事公益诉讼。而行政公益诉讼是可以优先探索推进的一种模式，主要因为行政优先是公益诉讼的普遍原则之一（即可以通过行政机关解决的问题一般都通过行政方式处理），民事公益诉讼中停止侵权、恢复原状等诉求与行政公益诉讼中要求行政机关采取行政手段制止违法行为、恢复公益的诉求往往是重叠的。另外，行政公益诉讼的诉前程序，既高效便捷，又能够节约诉讼资源。

屠春含：就如刚才各位所述，民事公益诉讼的请求主要包括停止侵害、排除妨害、消除危险、恢复原状、赔偿损失等，而行政机关可以采取罚款、责令停止违法行为、限期恢复原状、指定有能力的单位代为恢复原状等手段。两者所能取得的效果相近，但后者的效率更高，理应优先采取督促行政机关履职的方式。然而，对于私有历史建筑，强制修复（恢复原状）在实践中很难执行，尤其是那些放任建筑自然老化坍塌的情形，能不能通过完善地方立法，将其纳入民事公益诉讼的保护范畴？

练育强：根据我国《立法法》第8条的规定，诉讼和仲裁事项系法律保留的范围，地方立法不应创设。市人大在修订《上海市优秀历史建筑和历史风貌保护条例》过程中，加入检察公益诉讼的条款，并不是一种创设的行为，不违反《立法法》的精神，因为历史建筑保护是属于环境保护和国有财产保护的范畴，本就有《民事诉讼法》《行政诉讼法》等法律中的明确规定，上海的地方性法规只是为执行法律、行政法规的规定，根据本行政区域的实际情况作出的具体规定。

林仪明： 实际上，一些省市人大已经通过地方立法的方式对检察机关开展公益诉讼予以支持，比如，2019年1月，黑龙江省人大常委会就通过决议，规定了检察机关在公益诉讼中的调查核实权等事项。地方人大可以依法在地方性法规中就落实公益诉讼制度作出适当规定，有助于为公益诉讼司法实践提供更加有力的法治保障。当然，对于历史建筑遭物权人破坏，或者物权人放任建筑自然老化坍塌，如果通过行政手段、执行手段代为修复，物权人不配合就很难执行到位，这点在立法上应予以明确。另外，当具有重大历史文化价值的历史建筑面临毁损的严峻风险时，行政机关可以依据相关法律启动行政征收程序，通过合法的程序获得历史建筑的所有权，以便更好地实施保护。

刘　艺： 根据《立法法》第72条规定，上海市人大及其常委会、上海市各区的人大及其常委会在不同上位法相抵触的前提下，均有权制定地方性法规，而对历史建筑保护则可以归入环境保护的地方性法规。另外在救济手段上应更强调预防性，这就有必要通过上海市人民政府规章、地方性法规，对在历史文化风貌区和优秀历史建筑内经营、提供商业服务的法人、其他组织在进行工商注册、登记时的资质作出具体规定，对材料进行实质审核。

杨代雄：《民事诉讼法》第55条中的"法律规定"如作宽泛解释，包括法律、法规，后者即国务院制定的行政法规。各省、自治区、直辖市人民代表大会制定的地方性法规在位阶上低于行政法规，相当于部门规章，如果解释为属于《民事诉讼法》第55条中的"法律规定"，似乎已经超出了法律解释的框架，应当慎重。

居春含： 优秀历史建筑保护能否采取民事公益诉讼的保护手段，能否通过地方立法予以明确，这可能涉及公益保护与私有物权保护相协调、相关公益能否界定区分等问题。今天的讨论就到这里，感谢各位专家宝贵且有益的意见！

为了人民更美好的生活
——深化检察机关提起公益诉讼制度的路径探索

- 时　　间：2018 年 9 月 13 日
- 地　　点：上海市人民检察院
- 嘉　　宾：练育强　华东政法大学教授
　　　　　　杨建锋　上海市人民检察院检察官
- 召 集 人：王　洋　上海市杨浦区人民检察院副检察长
- 文稿整理：肖　凤

一、检察机关提起公益诉讼制度设立的初衷

王洋：检察机关提起公益诉讼制度是当前我们国家非常重大的一项制度安排。它从提出、试点、立法到全面推行，始终贯彻了以人民为中心的发展理念，彰显了对国家利益和社会公共利益的司法保护，促进法治政府建设的价值追求。

2017年9月11日，习近平总书记在给第二十二届国际检察官联合会年会暨会员代表大会的贺信中讲到，检察机关是国家的监督机关，承担着惩治和预防犯罪，对诉讼活动进行监督职责，作为公益诉讼的代表，肩负着重要责任，是维护国家利益和社会公共利益的一支重要力量。下面请两位嘉宾就检察机关提起公益诉讼制度的定位和作用谈谈自己的理解。

练育强：习总书记在党的十八届四中全会就《中共中央关于全面推进依法治国若干重大问题的决定》起草说明中，对于探索建立检察机关提起公益诉讼制度，更多讲的是行政公益诉讼。目的是要使检察机关对在司法办案中发现的行政机关及其工作人员的违法行为及时提出建议并督促其纠正。他还讲到，在现实生活中，对一些行政机关违法行使职权或者不作

为、乱作为造成对国家和社会公共利益侵害或者有侵害危险的案件，由于与公民、法人和其他社会组织没有直接利害关系，使其没有也无法提起公益诉讼，而检察机关提起公益诉讼制度将有利于改变这一困境，加强对公共利益的保护。

此外，我国《行政诉讼法》对检察机关提起行政公益诉讼有明确的规定，主要体现在第25条第4款"人民检察院在履行职责中发现生态环境和资源保

护、食品药品安全、国有财产保护、国有土地使用权出让等领域负有监督管理职责的行政机关违法行使职权或者不作为，致使国家利益或者社会公共利益受到侵害的，应当向行政机关提出检察建议，督促其依法履行职责。行政机关不依法履行职责的，人民检察院依法向人民法院提起诉讼"。其中，该款前半部分涉及行政权跟检察权之间的关系，更多的是检察权对行政权进行监督，是诉前程序，检察机关是监督者。该款后半部分"行政机关不依法履行职责的，人民检察院依法向人民法院提起诉讼"，在这里检察权和行政权之间的关系发生了微妙的变化，此时检察机关与行政机关成了平等主体，监督关系转化为平等的诉讼关系。从法学理论上来分析，检察权与行政权的权力属性不一样，具体运行制度也不一样。

杨建锋： 检察机关提起公益诉讼，通俗易懂地讲就是通过司法机关采取诉讼救济方式对私人或政府的违法或不当行为进行合法与必要干预，实现维护国家和社会公共利益的目的。由检察机关提起公益诉讼和检察机关作为公共利益代表与检察机关是宪法规定的法律监督机关这一定位有关。在民事领域，检察机关可以作为公共利益的代表，对侵害社会公共利益的违法行为提起诉讼；在行政领域，政府在保护公共利益的职能中扮演多种角色，有时是公共管理服务的提供者，有时是共同财产的所有者或者管理者。政府是管理者，检察机关是监督政府管理的监督者，要更加主动，时刻盯着行政机关有没有履职到位，检察机关可以通过诉前程序或提起行政公益诉讼的方式，监督行政机关依法行使行政执法权，切实履行保护公益职责，维护国家或社会公共利益。检察机关作为公共利益的代表，要体现检察机关的正义性与专业性，确立公共利益法律保护的有效路径，形成制度之诉、标准之诉，树立一个社会治理的标杆，达到社会治理的良好效果。尤其要重视弱势群体、边缘化群体的利益和社会共同体的利益，维护社会公序良俗，更多关注国家和老百姓的难点、痛点问题。

检察机关提起公益诉讼制度在于让检察机关作为公益诉讼的先行者和探

路者，承担解决复杂公益诉讼的职责，构建公共利益保护的新秩序。该制度的正式建立，是加强国家利益和社会公共利益保护、促进依法行政的重要举措。通过实践，充分发挥检察机关法律监督职能作用，健全对国家利益和社会公共利益保护的法律制度，促进公益保护体系不断完善，使得行政机关、审判机关、检察机关有机联系在一起，通过监督、协调、配合，形成保护公益的强大合力。

二、检察机关的公益诉讼主体资格定位

王洋：刚才两位嘉宾谈到，检察机关提起公益诉讼有利于优化司法职权配置，有利于保护公共利益，以及推进法治政府建设。但目前理论界对公益诉讼主体资格存在不同认识。实务中，法律规定了多元化主体，但同时突出检察机关公益诉讼主体资格定位。两位嘉宾如何看？

练育强：我们现在讲检察机关是提起行政公益诉讼的唯一主体，但是在理论上曾经历了单一主体和多元主体两个阶段。首先是单一主体。有学者明确提出检察机关是提起行政公益诉讼的唯一主体，也有学者认为公民个人是提起行政诉讼的单一主体，还有学者提出可以由公益律师提出行政公益诉讼。其次是多元主体。持此种理论观点的学者认为公民、法人、社会团体、社会组织（主要是自治组织）、检察机关等都可以作为提起行政公益诉讼的主体，还有学者提出行政机关本身也可以作为提起行政公益诉讼的主体。此外，在持多元主体的观点里，有学者提出，行政公益诉讼的提起要不要有顺序，如果有，那么谁是第一顺序，谁是第二顺序；有学者认为不存在顺序问题；还有学者提出提起要有第一层级和第二层级之分，如认为检察机关是第一层级，只有在检察机关不提出的时候，其他层级才可以提出；又有学者认为其他主体是第一层级，其他主体不提出时检察机关才可以提起。

关于主体在诉讼中的地位，也就是在诉讼中的主体资格。在诉讼中，检察机关究竟是原告还是公益诉讼起诉人，有不同观点。司法实践中，有一种观点认为检察机关就是原告，与普通民事诉讼原告没有什么区别。但我认为，检察机关在行政公益诉讼中是原告还是公益诉讼起诉人并不重要，最关键是

举证责任。如果检察机关是行政诉讼原告，那就应由被告即行政机关就其行政行为的合法性承担举证责任，提出证据。如果赋予检察机关公益诉讼起诉人资格，就应给予相应职权。因此，我认为检察机关在诉讼中究竟是原告还是公益诉讼起诉人不用讨论，讨论的核心、关键应该是有哪些职权，举证责任是什么，这是公益诉讼主体资格的实质问题。

杨建锋： 根据我国《行政诉讼法》《民事诉讼法》和最高人民法院、最高人民检察院通过的《关于检察公益诉讼案件适用法律若干问题的解释》的规定，检察机关是提起行政公益诉讼的唯一法定主体。但是在民事公益诉讼中，除了检察机关外，法律规定的机关和有关组织也可以提起公益诉讼，《民事诉讼法》第 55 条的规定，针对特定的损害社会公共利益的行为，人民检察院只有在没有法律规定的机关和组织，或法律规定的机关和组织不提起诉讼的情况下才可以向人民法院提起民事公益诉讼。由此可见，检察机关在提起民事公益诉讼中是处于最后的顺序，是在原告缺位时以公益诉讼起诉人的身份来填补原告的空缺。而我认为，这一公益诉讼权顺位的确定，无疑是将检察机

关放在了一般原告的位置，是为了在特殊情况下让检察机关扮演原告的角色，而不是民事公益诉讼的审判活动缺少监督或者现有的诉讼监督机制不适应公益诉讼，为了加强诉讼监督才授权检察机关提起诉讼。

王 洋："两高"的司法解释已明确检察机关为"公益诉讼起诉人"。但按诉讼规律，行政公益诉讼应依据行政诉讼法实行举证责任倒置，由行政机关证明自己行为的合法性。

练育强：我同意这个观点。通过对典型案例的分析发现，产生公益诉讼都是先有问题或事情出现，检察机关只需初步证明这些问题或事情跟行政机关的管理职责有关联性。从证据上讲，后面应该由行政机关来证明是否属于自己职责范围，是否依法履职或者没有乱作为等。

三、公共利益的把握和界定

王 洋：公益诉讼的焦点在公共利益。实务中，不少人认为公共利益存在不确定性，很难把握和界定。想听听两位嘉宾的观点。

练育强：行政法上把公共利益称为不确定的法律概念，其本身是不确定的，需要具体问题具体分析。最高人民检察院在2017年发布的指导性案例——郧阳区林业局行政公益诉讼案指导意见中，对公共利益作出界定：由不特定多数主体享有的，具有基本性、整体性和发展性的重大利益。

公共利益的主体具有多元性，尤其要对国家利益、公共利益加以界定。党的十八届四中全会提出要开展行政公益诉讼工作，而当年《行政诉讼法》修改，却没有这项内容。对此，全国人大常委会关于《行政诉讼法》修改的说明里作了解释，即当时对于行政机关和检察机关，谁代表公共利益存在争论。有观点认为行政机关已经代表公共利益了，检察机关怎么能来代表公共利益呢。我认为，行政机关代表公共利益毫无疑问。但是，行政机关一旦行政不作为或是乱作为，是否就使公共利益受到损害，是否还需要再去就受到损害进行取证？所以又回到了"公共利益究竟是什么"这一问题。目前从高检院颁布的指导案例和试点情况来看，对于什么叫公共利益受到损害，检察机关、行政机关以及法院没有达成一致认识。

杨建锋： 关于公共利益的含义。公共利益不光是一个法律概念，也是一个政治概念。对于公共利益是什么，立法和司法解释都未予明确。有观点认为公共利益具有模糊性，是一个空瓶子，可以盛入不同内容。如在商标注册方面，可以基于公共利益，以各种违反社会公序良俗的理由，驳回商标注册申请。同时，公共利益除表现为财产性权利外，还可以体现为一些精神性利益。典型的就是英烈名誉保护，它跟土地转让、国有财产保护、食药品安全有所区别，更多体现的是一种道德上的正确。现在讨论到的公共利益非常复杂，说明存在各种价值取向，也体现了社会中存在的各种矛盾与张力。检察机关提起公益诉讼，要根植于特定的社会大背景。公共利益的不确定性既有不利的一面，也有有利的一面。司法机关可以利用其不确定性，对私人活动进行合法与必要的干预，更好地服务保障社会发展与和谐稳定，如可以积极探索"等"外领域的公益诉讼。

公共利益的主体具有多元性，实际上就是公共利益的主体到底是谁，到底要保护谁的利益。不同场合，公共利益背后主体的不同。有一些公共利益体现为一部分群体或某一行业的共同利益，如某小区所有居民的利益，如互联网企行业利益；或者是社会整体性利益，如生态环境利益、社会价值观利益。从主体的角度，也许可以对公共利益作如下简单界定：按人头，只要人多，就可以认为存在某种公共利益。同时，也可以从社会价值角度来界定。如环境保护体现的是整个国家、整个社会共同生存利益，关系到人类生存权；就业、受教育中的性别平等、人格尊严等，既体现单个个体自身存在的意义，也是社会存续的基本价值要求；英烈名誉保护体现了一种社会道德规范，是具有社会共同价值观属性的公共利益。

公共利益的主体多元化，导致不同的公共利益会发生碰撞。这时如何选择，是否可以排序？我认为，可以考虑以价值大小判断作为一种解决问题的思路，如道德属性的公共利益往往会大于物质利益，国家的利益大于地方的利益。举个例子，网约车司机杀害乘客，有关部门采取了严格整治措施。这时，乘客的生命安全，是否高于乘客出行便利和网约车行业经济利益？公共利益是以主体多少、经济价值还是以道德价值为大，理论上可以有争论，但社会普遍会支持生命安全价值优先。

四、对检察机关提起公益诉讼受案范围"等"的理解

王 洋：公共利益的不确定性其实也是它的开放性，不同时期，不同国家和文化肯定会有不同的界定。一方面说明检察机关作为公共利益的代表确实重任在肩；另一方面司法实践中，不可能也不应当用不确定的概念来办案。所以，想请两位嘉宾谈谈对《行政诉讼法》第25条第4款中罗列受案范围后的"等"的理解。

练育强：这个"等"的理解，是"等内等"还是"等外等"，直接决定了行政公益诉讼受案范围。对于受案范围，从20世纪80年代到现在，学界有两种观点，一种是固定式，另一种是开放式。持固定式观点的学者认为，只有以下几种情形能提起行政公益诉讼：受害人放弃起诉或者不知道起诉，或者无力起诉（此种情形是学界一直在讨论的如果有具体的受害人，检察机关能不能提起行政公益诉讼的问题）；侵犯劳动权、社会环境权、科研自由权、人身权、财产权、受教育权等；行政不作为；抽象行政行为；内部行政行为；侵害国家集体利益和其他公民的合法权益。持开放式观点的学者认为，检察机关认为应当提起诉讼的其他案件都可以提起行政公益诉讼。现行立法采取的是折衷式，主要体现在对《行政诉讼法》第25条第4款中"人民检察院在履行职责中发现生态环境和资源保护、食品药品安全、国有财产保护、国有

为了人民更美好的生活

土地使用权出让等"这个"等"的理解。如果把"等"理解为"等内等",它就是固定式的;如果把"等"理解为"等外等",就是开放式。据我了解,当前实践中,省级以上检察院理解的是"等外等",基层检察院理解的是"等内等"。但是根据《中华人民共和国英雄烈士保护法》第 25 条规定"对侵害英雄烈士的姓名、肖像、名誉、荣誉的行为……英雄烈士没有近亲属或者近亲属不提起诉讼的,检察机关依法对侵害英雄烈士的姓名、肖像、名誉、荣誉,损害社会公共利益的行为向人民法院提起诉讼"。赋予了检察机关对上述行为提起公益诉讼的权力,显然超出《行政诉讼法》第 25 条第 4 款规定的受案范围,属于"等外等"。

杨建锋:这个"等"的理解,是"等内等"还是"等外等",是行政公益诉讼受案范围的边界拓展问题。对于实务部门而言,这不单是对立法规定的理解,还是对超出法条规定四种范围外的情形提起行政公益诉讼时该诉讼有没有正当性和合法性的考量。实践中,我们不单是对"等"的理解有困惑,还有工作中的许多问题也存在一定程度的困境。如对双赢多赢共赢理念的理解,同志们前期针对行政机关的不作为行为作了大量工作,在准备制发检察建议的时候,行政机关改正了,当然不是说改了不好,主要是同志们的付出在现有考核制度和量化标准下,不好计算,这里就涉及对公益诉讼工作理念有一个高标准的认识。如检察机关提起公益诉讼的路径依赖问题,检察机关当前办理的相当一部分公益诉讼案件都是刑事附带民事公益诉讼,最高人民检察院的原意是刑事附带民事公益诉讼作为检察机关提起公益诉讼的零突破是可以的,但是现在成为各检察院的模式选择,相关数据表明当前检察机关提起的公益诉讼相当一部分都是刑事附带民事公益诉讼,不是说这样不好,只是长此以往是否有违设立检察机关提起公益诉讼制度的初衷。

五、是否有必要制定专门的《公益诉讼法》

王 洋:从两位嘉宾的观点来看,对于"等"的理解大家并没有形成统一观点,且在制度理念以及路径选择上存在这样或那样的困惑,针对学界和实务部门对现行公益诉讼制度相关法律规定等的不同理解,有观点认

85

为有必要制定专门的《公益诉讼法》来解决遇到的各种困惑，如何看待这种观点？

练育强：对是否需要制定独立的公益诉讼法，理论界存在两种观点，一种是包容性理论，另一种是独立性理论。持包容性理论观点的学者认为，《行政诉讼法》第1条"为保证人民法院公正、及时审理行政案件，解决行政争议，保护公民、法人和其他组织的合法权益，监督行政机关依法行使职权"，第11条"人民检察院有权对行政诉讼实行法律监督"，第101条"人民检察院对行政案件受理、审理、裁判、执行的监督，本法没有规定的，适用《中华人民共和国民事诉讼法》的相关规定"，上述法条完全可以包含行政公益诉讼内容，检察机关可以据此提起行政公益诉讼，没有必要制定新的行政公益诉讼法。持独立性理论观点的学者认为，现行的法律规定包含不了行政公益诉讼内容，要单独制定公益诉讼法。现行公益诉讼制度采取的是存疑包容心理，体现在将行政公益诉讼内容放在《行政诉讼法》诉讼参加人章节里，说明人民检察院提起行政公益诉讼，它是诉讼一方当事人，是诉讼参与人。行政诉讼法和民事诉讼法都是私益诉讼，私益诉讼是自身合法权益受到了侵害。在行政公益诉讼中检察院提起诉讼，那么检察院的合法权益受到什么侵害？因此，有学者提出检察院是代表国家利益，国有财产以及国有土地使用权转让都是国家的，就不是社会公共利益了，检察院又怎么能代表呢？所以又有学者提出，我国的公益诉讼是不完全的客观诉讼。我认为公益诉讼制度本身是按照主观诉讼来设计的，把客观诉讼加入其中，就会使其在受案范围、举证责任以及判决履行等存在争议。

同时，从诉前检察建议刚性问题出发，针对现有法律和诉讼程序难以解决行政公益诉讼制度存在的问题，建议制定公益诉讼法。

杨建锋：公益诉讼制度从20世纪90年代开始在国内生根发芽，无论是公民个人、社会团体，还是检察院对公益诉讼进行了积极探索。就目前而言，可以说我国公益诉讼已经进入有法可依阶段，但是都是散见在相关法律或是司法解释中。对于是否需要制定专门的公益诉讼法，我认为从实务上看，公益诉讼法不是需要不需要制定的问题，而是要制定一部什么样的公益诉讼法的问题。这其中，最难的还是行政公益诉讼制度，表面上是规则构建，实质则涉及检察权与行政权的权力关系。实务中，无论是行政权与检察权，还是检察权与审判权，都存在这样或那样的权力紧张关系，解决紧张关系，既需要有法律依据，又要有理论支撑，还需要有政治性考量。

此外，前面练教授提到的诉前检察建议刚性问题，以及实践中遇到的调查核实权问题，虽然有法律规定，但是如何保障权利的行使实践中存在困惑，由此导致监督的效果一定程度受到影响。再者，民事公益诉讼中如何适用惩罚性赔偿问题，是否应将其作为一种常设性手段，也有争议，法律亦没有明确规定。这些问题的背后都需要立法来予以完善。

王 洋：公益诉讼制度体现着民主的精神，标志着法治的进步，是构建社会主义和谐社会的一个重要手段，是社会治理的一个重要着手点。公益诉讼制度的建立，标志着我国立法逐渐完备，但同时我们也应清晰地看到，目前我国关于公益诉讼的法律规定还比较笼统、模糊，在程序设计上还有缺陷和不足，我们期待着检察机关提起公益诉讼制度能够在立法和司法上的进一步完善。

为整治问题疫苗,开一剂检察"药方"
——以长春长生问题疫苗案为例

- 时　　间：2018 年 7 月 27 日
- 地　　点：上海市人民检察院
- 嘉　　宾：姚志光　上海市人民检察院检察官
  - 郑　勇　时任上海市人民检察院检察官
  - 陈　苹　上海市人民检察院第二分院检察官
  - 罗造祉　上海市浦东新区人民检察院检察官
  - 毛元魁　上海市徐汇区人民检察院检务保障部副主任
  - 奚荷萍　上海市杨浦区人民检察院检察官
  - 王俊捷　上海市宝山区人民检察院检察官
  - 吴晓东　上海市崇明区人民检察院检察官
- 召 集 人：戚永福　上海市人民检察院检察官
- 文稿整理：祁　堃

为整治问题疫苗，开一剂检察"药方"

【研讨案例】 2018年7月15日，国家药品监督管理局通过官方网站发布通告称，国家药监局发现长春长生生物科技有限责任公司（以下简称长春长生公司）冻干人用狂犬病疫苗生产存在记录造假等严重违反《药品生产质量管理规范》行为。吉林省食药监局已收回长春长生《药品GMP证书》，同时已按要求停止狂犬疫苗的生产。长春长生公司正对有效期内所有批次的冻干人用狂犬病疫苗（vero细胞）全部实施召回。

同年7月26日，据国务院调查组消息，长春长生公司违法违规生产狂犬病疫苗案件调查工作取得重大进展，已基本查清企业违法违规生产狂犬病疫苗的事实。按照有关规定，疫苗生产应当按批准的工艺流程在一个连续的生产过程内进行。但该企业为降低成本、提高狂犬病疫苗生产成功率，违反批准的生产工艺组织生产，包括使用不同批次原液勾兑进行产品分装，对原液勾兑后进行二次浓缩和纯化处理，个别批次产品使用超过规定有效期的原液生产成品制剂，虚假标注制剂产品生产日期，生产结束后的小鼠攻毒试验改为在原液生产阶段进行。为掩盖上述违法违规行为，企业有系统地编造生产、检验记录，开具填写虚假日期的小鼠购买发票，以应付监管部门检查。

同年10月16日，国家药品监督管理局和吉林省食品药品监督管理局依法从严对长春长生公司违法违规生产狂犬病疫苗作出行政处罚。

行政处罚决定书载明，长春长生公司存在以下八项违法事实：一是将不同批次的原液进行勾兑配制，再对勾兑合批后的原液重新编造生产批号；二是更改部分批次涉案产品的生产批号或实际生产日期；三是使用过期原液生产部分涉案产品；四是未按规定方法对成品制剂进行效价测定；五是生产药品使用的离心机变更未按规定备案；六是销毁生产原始记录，编造虚假的批生产记录；七是通过提交虚假资料骗取生物制品批签发合格证；八是为掩盖违法事实而销毁硬盘等证据。

行政处罚决定书认定，上述行为违反了《中华人民共和国药品管理法》及其实施条例，以及《药品生产质量管理规范》《药品生产监督管理办法》《生物制品批签发管理办法》等法律法规和规章。

依据行政处罚管辖有关规定，国家药品监督管理局和吉林省食品药品监督管理局分别对长春长生公司作出多项行政处罚；对涉案的高俊芳等十四名直接负责的主管人员和其他直接责任人员作出依法不得从事药品生产经营活动的行政处罚；涉嫌犯罪的，由司法机关依法追究刑事责任。①

戚永福：长春长生问题疫苗事件引发社会各界持续关注，暴露出我国疫苗生产和监管领域存在很多问题，药品安全形势不容乐观。今天，我们从检察官的视角来看问题疫苗事件，根据现有的事实、证据情况建立一个假设模型，对如何定罪量刑、如何发挥检察职能作用、如何完善立法加强监管等问题进行交流讨论。

一、问题疫苗应认定为假药还是劣药

王俊捷：本案之所以引起这么大的关注，很重要的一点是因为本案涉及的是"疫苗"。"疫苗"和我们一般理解的药是有很大不同的。一般理解药的作用是治病，即药效是一目了然的。但是"疫苗"是通过模拟病毒增强人体免疫系统，对于真实病毒的抵御能力，其作用甚至是后果都要在特定条件下才能显现出来。因此，"疫苗"药效的特殊性，决定了在对长春长生公司的行为定性为生产销售假药还是劣药等，势必会存在分歧。

吴晓东：如何认定"假药"还是"劣药"？其中有一个法网严密程度与公众认知的关系问题。我们在办案中经常会用到"普通人认识"的概念，但在行政犯中，由于技术鉴定的介入以及行政法规的明确规定，司法官往往在

---

① 沙龙召开时，长春长生问题疫苗案仍处于调查阶段。为使读者了解案件全貌，特将处理结果一并附上。——编者注

为整治问题疫苗，开一剂检察"药方"

形式违法还是实质违法的问题上犹豫不决，特别是近年来一些备受舆论关注的案件中的法律认定，如枪支、野生动物、假药等概念，公众的一般认知与技术认定或行政认定存在很大分歧。个人认为在相关概念的法律认定上，还是要强调形式违法与实质违法判断相结合，同时增加办案的亲历性。比如在"问题疫苗"案件中，如何认定疫苗这种特殊药物失去有效性后属于"假药"还是"劣药"，要关注问题疫苗本身的安全性和有效性，以及可能产生的社会危害程度，同时不仅关注技术部门出具专业鉴定意见，也可以聘请专家参与办案，派员参与鉴定过程，庭审中要求专家证人出庭，以此更准确地做出司法判断。

姚志光：根据我国《药品管理法》规定，假药分为"实质性假药"和"法律认定上的假药"。从目前媒体报道的信息看，现在还无法判断长生问题疫苗是否属于"实质性假药"。《药品管理法》规定，应必须批准而未经批准生产的，按假药论处。而《药品管理法》《药品注册管理办法》《药品质量管理规范》明确规定药品的生产工艺必须经过相关部门审核批准，不得

擅自改变。其中，《药品管理法》规定，除中药饮片的炮制外，药品必须按照国家药品标准和国务院药品监督管理部门批准的生产工艺进行生产，生产记录必须完整准确。药品生产企业改变影响药品质量的生产工艺的，必须报原批准部门审核批准。2016年食品药品监管总局下发的《关于开展药品生产工艺核对工作的公告》中进一步明确，"实际生产工艺与食品药品监管部门批准的生产工艺不一致的，依据《中华人民共和国药品管理法》第四十八条第二款的有关规定，其所生产的药品按假药论处"。因此，药品的生产工艺必须经过严格审批，未经审批擅自改变可能影响药品质量的生产工艺所生产的药品，可能就要按照假药论处。

陈　苹：关于狂犬病疫苗，媒体报道的目前调查进展是：按照有关规定，疫苗生产应当按批准的工艺流程在一个连续的生产过程内进行。但长春长生公司为降低成本、提高狂犬病疫苗生产成功率，违反批准的生产工艺组织生产，包括使用不同批次原液勾兑进行产品分装，对原液勾兑后进行二次浓缩和纯化处理，个别批次产品使用超过规定有效期的原液生产成品制剂，虚假标注制剂产品生产日期，生产结束后的小鼠攻毒试验改为在原液生产阶段进行。为掩盖上述违法违规行为，企业有系统地编造生产、检验记录，开具填写虚假日期的小鼠购买发票，以应付监管部门检查。

从媒体报道的公安机关最新调查进展中我们可以看到，公安机关已查明的长春长生公司违法违规行为主要在于擅自违反批准的生产工艺组织生产狂犬病疫苗，并通过各种造假手段掩盖违法违规生产的事实。长春长生公司的上述行为已涉嫌生产、销售假药罪。

二、本案如何定罪量刑

陈　苹：从药监局发布的信息来看，涉案的狂犬疫苗尚未销售，但在飞行检查之前长春长生公司所生产、销售的狂犬疫苗是否是在违反标准的生产工艺下制造而成，所销售的狂犬疫苗是否对人体产生不良后果，目前仅有长春长生公司自己的声明，暂且无法下定论。但仅就飞行检查所查获的情况来看，长春长生公司及其主管人员、直接责任人员也将面临着严厉的刑事处罚。依据"两高"《关于办理危害药品安全刑事案件适用法律若干问题的解释》，生产的假药属于疫苗的，应当酌情从重处罚。生产、销售疫苗金额10万元以上不满20万元的，应当认定为"其他严重情节"，法定刑为3年以上10年以下有期徒刑。生产、销售疫苗金额20万元以上不满50万元的，应当认定为"其他特别严重情节"，法定刑为10年以上有期徒刑、无期徒刑、死刑。

类似长春长生公司的行为是否可以认定为以危险方法危害公共安全罪？

为整治问题疫苗，开一剂检察"药方"

有观点提出，类似这样的行为，可以考虑认定以危险方法危害公共安全罪，以更加有力地打击此类犯罪行为。

首先，二者在侵害的法益上有明显的差异，由此也反映出行为人在主观目的上的差异。以危险方法危害公共安全罪是在危害公共安全犯罪的章节中，侵害的法益是公共安全；而生产、销售假药、劣药罪侵害的法益不仅包括国家对药品正常的监督、管理秩序，也包括不特定多数人的身体健康和生命安全，但生产、销售假药、劣药罪被归入破坏社会主义市场经济犯罪一章节，因此从立法的本意出发，行为人在主观上主要是反映出对是药品监督管理制度和管理秩序的无视。因此，在没有证据表明行为人系故意利用假药、劣药实施侵害不特定多数人的人身健康、生命安全的情况下，把生产、销售假药、劣药的行为界定为构成以危险方法危害公安罪，值得商榷。

其次，从客观行为的相当性上分析。对于以危险方法危害公共安全罪的客观行为的界定，我们既不可以任意限缩，也不可以无限扩大，只有行为人实施危害公共安全的行为所采用的危险方法与放火、决水、爆炸以及投放危险物质的危险性相当且行为的社会危害性达到相当严重的程度，才构成该罪。

如果长春长生公司生产、销售的只是不存在安全问题的无效疫苗，其在危险的相当性上和放火、决水、爆炸、投放危险物质等行为难以相提并论。

三、针对疫苗事件检察机关如何发挥职能作用

郑　勇：近期疫苗、"药神"等话题引发社会高度关注，这是新时代主要矛盾在医药健康领域的显现。当前，人民群众对身体健康的需求日益迫切，需要享受更好更优的医疗保障，而就医环境、医药监管和药品研发等还存在不尽如人意的地方，还不能充分满足人民群众的需要。在这种背景下，医疗卫生领域发生的问题往往与每一个人都密切相关，容易牵动人心，引发热议。我们在办理涉及医药领域的案件时要切实增强敏感性，秉持检察官的客观公正义务，审慎作出司法决定，防止执法不当造成不良社会影响。

具体到办理涉及疫苗、药品等刑事案件，我们要高度关注案件的社会危害性，注重运用证据揭示行为具体造成了什么危害。<mark>行为的社会危害性大小，与罪行轻重成等比例关系，也直接影响我们对适用刑法条文的选择。</mark>以疫苗为例，如果伪劣疫苗的安全性没有问题，但有效性存在问题，并不会直接导致伤亡后果，这种情况下，如何认定生产、销售伪劣疫苗的具体危害值得我们关注。我个人认为，具体危害体现在使接种者处于传染病的潜在风险中，无法有效预防疾病。当然还需要我们进一步研究证明这种危险状态的证据形式，特别是接种范围较大案件，既要经济取证，节约诉讼成本，又能让诉讼各方接受认可。

此外，办理涉疫苗、药品类案件还要注意从法益侵害的角度进行把握和衡平。此类罪名往往涉及两种法益的保护，既有生命健康权，也有医药管理制度。<mark>办案中，要将对生命健康权的保护放在第一位，只要行为已经威胁或侵害生命健康权，就应当作为威胁或侵害公民生命健康权的犯罪予以打击；</mark>

为整治问题疫苗，开一剂检察"药方"

对于没有威胁或侵害生命健康权的行为，可以进一步分析行为对医药管理制度的侵害程度，当达到需要运用刑法打击的程度，就必须作为犯罪依法处理。

奚荷萍： 此次问题疫苗事件暴露出在药品生产监管和行政部门处罚方面存在诸多问题。7月20日，吉林省食药监局在官网公开对长春长生"百白破"疫苗旧案的344万元的处罚决定书，落款处日期是7月18号。这一决定的作出，距离旧案立案，已过近9个月之久。对于行政机关执法期限过长问题，一石激起千层浪。对检察机关而言建议行政执法机关移送、监督公安机关立案侦查本就是我们重要的职能范围，特别是在食药领域的犯罪案件，我们更要着力解决有案不立、以罚代刑等问题。

罗造祉： 作为法律监督机关，检察机关应当加强对重大民生案件的预判力和全局把握力，及时启动提前介入。这次山东省和吉林省的检察机关就已经行动起来，提前介入案件侦查。提前介入可以尽早了解侦查取证情况，提前研判案件走向，有针对性地引导侦查，夯实案件证据基础，为精准有效打击做好充分铺垫。在做好办案工作时，检察机关要注重法律监督全

覆盖无死角无盲区，如果发现涉嫌职务犯罪线索，应当及时移送监察委；针对涉案行业监管方面的问题，可以通过检察建议等手段进行堵漏建制，充分发挥检察机关的各项职能。

王俊捷： 检察机关应当立足法律监督职能快速反应。对于问题疫苗等公共卫生事件，检察机关应当快速提前介入公安机关侦查，引导调查取证，做好依法追究有关人员责任的衔接工作。同时对于长春长生问题疫苗损害公共利益情况及相关行政机关履职情况开展调查。

吴晓东： 检察机关应结合新职能有新作为。要转变取证意识，对于重大案件，以往检察机关的主要职能在于刑事提前介入，引导公安机关取证。如今法律赋予了检察机关公益诉讼的新职能，特别是在民事公益诉讼案件中，

民事证据标准与刑事证据标准存在差异，更需要检察官具备双重取证意识，或者可以建立刑事案件检察官与公益诉讼检察官共同介入案件的工作机制，确保打击犯罪、堵漏建制的双重效果。另外，检察机关要积极运用新技术新手段，准确把握案件中的专业性问题，用法律手段防止问题疫苗事件再次发生，切实做好公共利益的维护者。

奚荷萍： 事件发酵以来，网络上出现了不少"不打国产疫苗"甚至"不打疫苗"的声音，而且有愈演愈烈之势。历史上，英国就曾发生过两次"疫苗抵制"运动，无一例外最终都引发两次大规模的疫情暴发。面对现在对国产疫苗失去信心的民众，检察机关办理食药品领域案件的同时，应当加强与有关部门沟通，及时获取官方信息，并通过检务公开，做好释法说理工作，积极回应社会关切，最大程度减少民众恐慌，恢复公众对国产疫苗的信心。另外，还要积极发挥检察机关监督职能，监督和督促行政执法机关移送案件、监督公安机关依法开展刑事立案活动，防止有案不立、以罚代刑等情况的发生。

陈 苹： 在问题疫苗案中，我们看到监察委、检察机关、公安机关、药监局、证监会均快速作出反应，依法履行职能。就检察机关而言，我们可能需要就公安机关侦查长春长生公司涉嫌生产、销售假药、劣药的行为提前介入引导侦查、审查逮捕，应监察委的要求提前介入、对接，就刑事犯罪履行审查起诉的职能，启动民事公益诉讼，等等。因此，在这样一起有重大影响的案件中，检察机关需要承担起更多的责任，社会公众对于检察机关也会有更多期待。我们可以打破原有的按照职能区分分别办案的模式，整合各个检察部门的骨干力量组成专案组，打组合拳，通过整合资源、专业互动、提高效率，强化检察机关在重大敏感案件中的履行法律监督的能力，凸显检察机关法律监督的成效。

另外，检察机关要在典型案件的办理过程中提炼、总结办案经验，从典型个案的办理中探索类案的特点和规律，推动整个检察队伍专业化办案水平的提升，并强化以案释法、以案明理、以案宣传检察机关如何履行法律监督的职能。

为整治问题疫苗，开一剂检察"药方"

毛元魁： 对于侵犯不特定多数人公共利益的案件，检察机关可以提起民事公益诉讼，最大程度追赃挽损；可以探索引入集团诉讼做法，简化诉讼程序，节约司法资源，增加企业违法经营成本，充分保障受害者的合法权利；还可以探索对医药领域违法行为设置无限额的行政罚款。

四、如何完善疫苗监管

戚永福： 在食品药品领域，可以通过制定严格的生产标准和保存、运输规范，扩大疫苗有效性检测范围并公开检测结果，健全不定期"飞行"检查制度，建立全国统一的举报热线等，创新监管方式，加强监管力度，强化监管实效。

陈　苹： 在完善监管方面，我的建议是利用大数据、区块链、人工智能等先进科技手段，实现对药品生产、储存、运输、销售等各个环节数据的自

动采集和全程留痕，从源头上确保第一手采集数据的真实性，防止数据记录被随意更改，并逐步建成包含药品全流程监管、自动触发预警、发现问题自动上报、自动生成应急响应机制等功能的大数据系统。通过全流程监管，可以尽可能保证疫苗的产品质量，防止此次事件的再次发生。

戚永福： 重建社会公众对疫苗安全的信心，检察机关责无旁贷。通过今天的研讨交流，我们不但对司法实践中准确处理这类案件有了更清晰的认识，而且对检察机关如何更好地发挥检察职能作用，加强民生保障，推动完善立法和行业监管，维护社会公共利益有了更深入的理解。

"毒树之果"的经典演绎

——从"周立波案"看中美刑事证据制度和律师制度

- 时　　间：2018 年 7 月 24 日
- 地　　点：上海市人民检察院
- 嘉　　宾：张　栋　华东政法大学教授、博士生导师
            余　剑　上海市第一中级人民法院法官
- 召集人：胡春健　上海市人民检察院检察官
- 文稿整理：徐向南　祁　堃

胡春健： 今天我们围绕周立波在美国涉嫌藏毒持枪一案，谈谈中美在刑事证据制度和律师制度上的异同。

我先介绍下周立波在美涉案的基本情况。根据公开报道，2017年1月18日深夜，周立波深夜蛇行驾车，在纽约长岛被警察拦截搜查。警方从车上搜出古可卡因与枪支，当场逮捕周立波与同车另一男子唐爽，两人被控非法持有管制药物、非法持有武器、非法持有枪支罪名，而周立波还被加控开车使用手机。同年7月20日，周立波在缴纳5000美元保释金后获释。7月28日，大陪审团裁定唐爽与此事无关，检方正式撤诉。2018年6月4日，周立波涉毒持枪案在纽约州长岛县地区法院第11次开庭，本次庭审结果已出：周立波承认开车打手机，他因交通违章被罚款150美元，检方对其他4项罪名撤诉，当庭只字未提枪和毒品，周案尘埃落定。

从本案中可以看出我国与美国在这个案子上最大的争议就是搜查程序。唐爽后来声明，下车后，警察询问是否可以搜查车辆，他向周立波作了翻译，并特别强调，如果周立波不同意，警察将申请搜查证搜车，所以周立波迟疑之后只好同意。但根据法院的判决书，美国法庭判周立波无罪释放的主因，是因为警察搜查程序违法，周立波没有同意警察搜查，警察也没有搜查令，法庭认定搜到的证据无效，所以才撤案。

请两位专家评价一下警察在该案的搜查行为。

张　栋： 我认为搜查在本案中影响并不重要，因为警察在该案中的执法算是很规范的。在美国，蛇行驾驶属于鲁莽驾驶，警察完全可以截停。之后，警察透过玻璃看到后座有个枪套，这属于美国法律中"一眼可见"的事实。这时警察已经可以检查，但他们还是很谨慎，问可不可以进行搜查。通常认为，在有枪套的情况下，可能就涉嫌非法持有武器。我认为，

"毒树之果"的经典演绎

要是非要找警察执法瑕疵的话，就是周立波后来说自己听不懂英语，同意搜查的意思表示不能被认定。

美国作为移民大国，为了应对语言沟通障碍，设有翻译热线，**美国警察执法遇到语言障碍时，应该拨打翻译热线，由翻译热线告诉当事人，再把当事人的意思翻译给警察，这是最规范的现场处置办法，而且这个过程可以录音**。本案中，唐爽英语很流畅，意思表示比较清楚，实际上取得了许可，但最终没有得到认可。我关注的重点不在于搜查制度，而在于检察制度。

余　剑：美国刑诉制度的主要目的在于限制警察权力，因此对警察的执法要求较为苛刻，但本案警察在执法中并没有明显瑕疵。周立波和唐爽同时在车上，警察在第一时间很难分辨谁是车主。因为唐爽对答很流利，表示同意搜查，警察没有理由再去质疑，唐爽也没有说车子不是他的。如果警察经验特别丰富，会问谁是车主。我国的刑诉制度是在限制公权力与打击犯罪之间尽量保持平衡。如果这个案子发生在我国，应该不会有法律意义上的搜查瑕疵。

张　栋： 我看到微信圈有人对周案有个总结：在美国遇到警察执法，你千万不要同意，或者不要随意签字。对此我必须声明，这些都是误导。在我们自身行为合法的情况下，最好同意让警察搜查。**美国搜查制度的标准非常低，如果不同意，警察会申请搜查令，会扣下车辆，并且搜查得更加仔细，从而耽误大量时间**。美国法律规定非常细致，警察遇到不配合的情形，会采取进一步的措施。

余　剑： 周立波案中的警察可能没有佩戴执法记录仪或者没有打开，否则就可以尽量还原事实。我认为，本案的价值在于：第一，告诉警察执法要规范；第二，警察碰到少数族裔不懂英语时，更要保护他们的权利。

胡春健： 我再补充问一下，在美国的搜查制度中，警察执法时对于明显的违禁品，比如后座上的枪套，搜查还需要征得同意吗？可不可以强制

101

搜查？

张　栋： 在美国，警察实施逮捕时可以附带搜查，对视野所及的空间可以直接搜查，但对于密闭的空间，比如背包、后备箱，就需要单独征得同意才能搜查。周立波被指控五个罪名，包括二级非法持有武器、非法持有火器、四级非法持有武器、七级非法持有管制药物以及违反交通法规。美国的刑法规定非常详细，其中，因没有持枪证持有枪支构成四级非法持有武器罪，这是轻罪；因为枪支上膛构成二级非法持有武器罪，这是重罪；因无证持有子弹，构成非法持有火器罪。美国对枪支规定很严格，对自动、半自动枪支也进行明确界定，要求必须枪弹分离。

胡春健： 周立波被指控非法持有毒品，没有被安排进行尿检和血检。请教二位，在美国可以强制进行尿检和血检吗？

张　栋： 对周立波的主要指控被撤销，我认为主要不是律师的功劳，而是美国检察官的履职不当。在周立波驾驶的车上发现了毒品，应该第一时间安排进行尿检。如果他不配合，警察可以申请强制检查。本案非常重要的疏漏有三个：对枪支仅进行了 DNA 鉴定，没有提取指纹；毒品包装没有检测生物性物质和指纹；唐爽作为现场证人，没有传唤他出庭作证，仅一位警察出庭作证。

最关键的是，检察官在法庭上没有进行抗辩。庭审过程中，律师质疑警察没有经过周立波书面同意而搜查，进而提出排除非法证据的动议，检察官对此一言不发，这非常不专业，法官只能采信律师意见。在美国，法官裁判主要依靠听取控辩双方当庭的举证质证，因此检察官的作用至关重要。研究一个国家的司法制度，最重要的是看这个国家的检察制度，各国检察制度特色最鲜明。

胡春健： 最近，担任周立波首任辩护律师的莫虎以"编织谎言，侮辱诽谤"为由将周立波告上法庭，要求周立波支付惩罚性赔偿金不少于一千万美元，并撤回诽谤言论，公开赔礼道歉。我们接下来讨论一下，莫虎的起诉是否有法律依据？美国律师制度中律师与当事人之间保密义务有

"毒树之果"的经典演绎

哪些特别规定？

张　栋：从起诉书看，莫虎作为律师并不专业，首先就是违反与当事人的保密义务。纽约州律师协会是美国最大的律师协会之一，对律师违法执业处罚非常严格，对律师执业伦理要求很高，尤其是不能违反保密义务。要保护当事人与律师之间信赖关系，决不能泄露执业期间掌握的当事人信息。当然有例外，比如防卫的需要。莫虎公开周立波在美国的房产信息，又说周立波购买房产是为了取得美国绿卡，这些足以吊销他的律师执照。其次是收费问题。美国律师代理保释，最复杂的案件也就 5000 美元，而莫虎为周立波申请保释和延期，就收费 20 万美元，倒是周立波可以主张不合理收费，若成立的话也是可以吊销莫虎的律师执照。在美国，律师执业都是计时收费，按小时计算，一般律师每小时收费 250—350 美元，比较资深 500—600 美元，顶级律师可以到 1000 美元。在这点上国内律师执业收费可能在统一标准上还要进一步完善。另外，莫虎的收费方式，容易产生道德风险。先约定庭前收取 20 万美元，进入庭审再收取 50 万美元。排除非法证据要求撤案的动议，是刑事案件中常规动作。莫虎不做撤案动议，就让人怀疑与酬金的收取方式有关

103

系，并没有善尽他的义务。

余　剑：律师代理刑事案件，特别是中、高级法院刑事案件，应设置相应资质。英国的律师有 solicitor 和 barrister 之分，美国律师没有这样的分类，导致良莠不齐。从周立波案看，有非常成熟的审前程序，在我国修改后的刑诉法出台后，我们有了庭前会议。在实践中要求所有案件，只要律师提出程序性问题，我们都要召开庭前会议，把庭前会议改造成对程序性争议的听证程序。我们呼吁，除了听证程序，还要有裁决程序。

李思远[①]：周立波案是对毒树之果理论的经典演绎，请张老师介绍一下美国的毒树之果理论的应用。

张　栋：毒树之果理论是美国宪法第四修正案推导出来的，美国最高法院对毒树之果理论进行了严格限定，罗列了三十几个例外情形。周立波回国后说，美国法院认定枪和毒品都不是他的，他是清白的。这实际是误解，美国法官不可能说枪和毒品不是他的，只是说证明枪和毒品是周立波的证据由于在搜查中有瑕疵不能用，检察官因没有法律事实所以撤诉。这个案子确实是帮助我们理解毒树之果理论很好的案例。我个人猜想，检察官履职失常，与不太重视这个案子有关系。

余　剑：我国在非法证据排除规则中没有明确毒树之果应该排除，也没有明确不应该排除，而是存而不论。我国的司法实践，是把重点放在排除非法口供和证人证言上。遏止刑讯逼供、暴力取证，是很大的法治进步，排除非法物证的相关规定有待循序渐进地完善，如通过侵害近亲属合法利益取得的口供也应排除，"合法利益"在实践中争议较大，需要通过不断的司法实践对它进行完善。

张　栋：《刑事诉讼法》第 50 条规定的非法证据有 4 种，刑讯逼供、威

---

① 李思远，上海市人民检察院第二分院检察官助理。

"毒树之果"的经典演绎

胁、引诱和欺骗，实践中真正有规定的是刑讯逼供，这次把"威胁"也规定了，比如非法拘禁、限制近亲属人身自由，司法实践中需要通过判例对适用范围作出严格界定。

胡春健：关于非法证据排除，这次新修订的刑诉法，新增了重复性供述的排除规则。对此，也请两位专家谈谈对该规则的适用。

余　剑：新刑事诉讼法规定了重复性供述的排除规则。但对于更换侦查人员以及在审查逮捕、审查起诉和审判期间，司法人员在告知诉讼权利情况下获取的供述，仍可以采纳。

张　栋：更换主体不是简单换了侦查人员，而是指在嫌疑人提出非法取证的控告后侦查机关更换侦查人员，或者案件进入新的阶段，检察人员、审判人员进行讯问。实践中还有第三种情况，即改变管辖。

雷海峰[①]：2012年和2013年我去美国对其律师制度等问题进行过交流。美国的法官是从律师中选拔，检察官和律师执业相通。当时我问他们司法人员有没有任职回避的规定，美国法官对这个问题感到很茫然，感觉从没有考虑过这个问题。

张　栋：在美国，法官可以同时是律师，不需要任职回避，也没有这方面的规定，因为违法成本很高。在美国不排除有腐败，有了问题司法人员为了撇清自己责任，一般第一时间就要说出来。一旦犯事出了廉政问题，诚信就受到影响。美国行政诉讼中诱惑侦查完全合法。

吴甘子[②]：从控申岗位视角，周立波案没有考虑到后续信访风险，案件处

---

① 雷海峰，上海市松江区人民检察院检察官。
② 吴甘子，上海市人民检察院第三分院检察官。

理上没有定纷止争。中国当事人最不能接受"存疑"，当事人很看重结果，如果不被定罪，就觉得自己是清白的。在中国，考虑到后续信访风险，我们会与当事人达成息诉罢访协议。美国有没有类似做法？

张　栋：美国没有信访，发生争议主要靠诉讼解决。在美国，诉讼成本很低，是真的把诉权给公民。美国诉讼费用不是按标的收费，而是按件收费。诉讼很方便，就不需要去找有关部门。本案司法没有就实体进行评价。世界上没有完美的司法制度，美国重视程序，但没有做到案结事了，对有关当事人影响很大。如果因为程序性问题指控失败，警官、检察官职业将受到影响。

胡春健：唐爽在接受采访时爆料出案件中的一些新细节。在我们国家，判决生效后如果出现新的证据，可以启动新的诉讼程序，美国有没有类似的纠正程序？

张　栋：在美国，判决生效后对被告人有利的证据可以提出来，但对被告人不利的证据不能提出。

陈洁婷[①]：在我国的司法实践中我有这样的感觉，越是重大的案件，证明标准越高，比如死刑案件，要求全程同步录音录像，还有专门的证据规定。而在美国，法官对重大案件，感觉也有一定的灵活性。请问张老师，在美国是不是重大案件，证明标准可以降低？

张　栋：美国法官裁判的灵活性不是体现在证明标准上，因为证明被告人是否有罪，最

---

① 陈洁婷，上海市人民检察院干部。

"毒树之果"的经典演绎

后做决定的是陪审团,也就是一群普通人下结论,这样可以化解社会不满。虽然美国法官有裁判的灵活性,但遇到重大案件,反而不会轻易把证据排除掉,法律规定有几十种例外情形。比如,周立波最后被认定驾驶车辆时打手机,但证据上又没有通话记录,法官还是作出裁判。我认为,在中国,周立波案在舆论上、关注度上影响很大;而在美国,这是个很小的案件,就是一种证据裁判上的体现。

胡春健: 通过比较中美法律制度的不同,一方面有利于借鉴西方的法治理念和制度设计,另一方面,也可以发现我国司法制度的优越性,增强制度自信。再次感谢两位专家来到"75号咖啡",带领我们品味中美法律制度的不同味道。

107

如果"章莹颖案"发生在中国
——从"章莹颖案"看中美刑事诉讼制度差异

- 时　　间：2017年8月31日
- 地　　点：上海市人民检察院
- 嘉　　宾：张　栋　华东政法大学教授、博士生导师
- 召集人：曾国东　上海市虹口区人民检察院检察长，
  　　　　　　　　时任上海市人民检察院检察官
- 文稿整理：周　慧

如果"章莹颖案"发生在中国

曾国东："章莹颖案"引起了国内外社会的广泛关注，案件的诉讼进程较为全面地反映了美国刑事诉讼程序，也凸显了美国沉默权制度、辩诉交易制度在个案处理时面临的无奈。今天围绕这个话题，我们请张栋教授谈谈他的想法，也欢迎广大干警积极参与讨论，提出真知灼见。

张　栋：各位检察官下午好！很高兴能参加这样一个活动。章莹颖案案发后，从目前国内报道看，由于国内媒体尤其是自媒体缺乏法学专业背景，至少是刑事诉讼法学背景，在报道中对美国刑事司法程序的运作存在很多误解。在正式开始讨论之前，我先帮大家梳理一下目前案件的程序。

今年 6 月 9 日，中国留学生章莹颖在美国失踪；6 月 30 日，美国联邦调查局（FBI）将嫌疑人克里斯滕森（Christensen）逮捕，案件真正进入司法程序。目前，正式诉讼程序已经有五次。7 月 3 日，克里斯滕森被逮捕后，在联邦法庭第一次出庭，这在美国刑事诉讼中叫作 Initial Appearance，就是第一次在法官面前出现，这个程序主要是法官要告知犯罪嫌疑人权利，并且通常情况下法官还会决定是否对其保释。7 月 5 日，克里斯滕森第二次出庭，这次是保释听审，专门决定是否对其保释。当天的保释听审中，检察官列举了几项在案证据，包括监控视频、监听录像、车子被过度清洗，等等，我个人认为，克里斯滕森的律师在保释听审中的表现并没有显示出很高的专业水准。第三次是 7 月 12 日，由大陪审团决定是否对克里斯滕森进行起诉，美国的起

诉分为四种，大陪审团审查起诉是最正式的起诉程序，美国大陪审团制度对于分担法官和检察官的职业风险发挥了重要作用。7 月 20 日是案件正式进入审判程序后的第一次出庭，叫作过堂庭审（Arraignment），这个程序主要是法官再一次告知被告人权利，以及被告人作认罪答辩。被告人在认罪答辩中可以回答是，否，或者不争执。所谓不争执就是法官可以定罪，但

109

现在的认罪不能成为日后民事赔偿的依据。同时，检方会在这个程序中将指控证据开示给辩方。克里斯滕森拒不认罪，并且在法官审理和陪审团审理中选择由陪审团审理。值得注意的是，克里斯滕森在过堂庭审中提出正在服用抗抑郁药，这有可能在后续程序中引发更多的动议（Pre-trail Motions），控辩双方可能请专家证人就其精神状态进行抗辩。第五次是 7 月 28 日，律师提出动议，要求对案件延期审理。此次开庭主要是将正式开庭日期确定在 2018 年 2 月 27 日，且该日期不能再推迟，控方如果追加罪名或寻求死刑（search for death penalty）必须要在 2017 年 12 月 15 日之前。

曾国东：张栋将全案的诉讼流程清晰地展示了出来。两个核心问题，一个是起诉权主体和起诉程序。美国刑事诉讼根据案件的不同情况设置不同的环节，并设置了完备的启动程序、救济机制、证据规则等，这种缜密、精细的诉讼格局有利于案件繁简分流，实现司法资源的优化配置。另一个是美国大陪审团制度，因为有民众的参与，大陪审团很大程度地减轻了检方所承受的压力，检察官在刑事诉讼中不会遭受太多的非议。我们现在的刑事诉讼程序也在逐渐朝着文明、公开、公正的方向发展，如审查逮捕的诉讼化。

韩卓韦[①]：张老师对美国刑事诉讼制度有深入的研究，我的问题是有关美国死因裁判制度，譬如中国香港特区、英国都存在类似的制度设置，在美国是否存在这样的制度能够确保非正常死亡的情况都进入刑事诉讼？

张　栋：美国死因裁判制度是相当成熟的，美国的陪审团实际上有三种：小陪审团、大陪审团和死因陪审团。本案中因未找到尸体而目前并不涉及死因裁判的问题。美国宪法中并没有明确提到死刑，然而《第五修正案》要求在提出联邦死刑起诉是必须使用大陪审团起诉的方式。在联邦司法系统中，联邦检察官要提起死刑指控必须根据司法部条例首先获得联邦总检察长的授权，如果检察官决定"寻求"对被告人处以死刑，那么他必须在庭审之前或者法庭接受被告人的有罪答辩之前的合理时间内"通知"被告人，并要求控方在"通知"中要明确列明其之所以要"寻求"死刑所依据的本案具有的"加重情节"。事实上，检察官在死刑案件的各个不同阶段均发挥着重要的影响力，居于举足轻重的地位。

陈超然[②]：张老师，我有三个问题，第一个是关于羁押，在澳大利亚考察时发现，他们的刑事诉讼程序对于轻罪，羁押是原则，不羁押是例外，对于重罪则实行举证责任倒置，在美国这种情况是否突出？第二个是设置大陪审团制度的意义是什么？第三个是您认为我国预审程序的缺失对整个诉讼程序有没有什么影响？

张　栋：在英美法系，获得保释是犯罪嫌疑人的权利，检察官可以建议不予保释，也可以建议保释但必须给予高昂的

---

① 韩卓韦，上海市人民检察院检察官助理。
② 陈超然，上海市人民检察院检察官。

保释金。保释程序是律师与检察官的第一次碰撞，律师的表现对于犯罪嫌疑人能否获得保释影响很大，但实际上举证责任还是在检方，并未移交到犯罪嫌疑人身上。

大陪审团实际上是一个预审程序，美国大陪审团制度增加了很多功能从而获得生命力，案件调查职能作为"大陪审团之剑"在刑事司法程序中作用越来越大。例如，在美国，大陪审团是一种重要的调查手段，拥有一定的调查权和搜查权，美国的证人作证义务仅针对法官，警官没有传唤证人的权力，但大陪审团有传唤证人作证的权力，且证人没有免证权。大陪审团不受传闻证据规则约束，可以采信传闻。美国大陪审团制度已经衍生出许多有价值的功能，通过制度设计来化解诉讼风险，这些值得我们去研究和探索。

大陆法系的预审制度是预审法官制度。预审法官是不信任检察官的产物，是制约国家起诉权的重要手段。我认为，现代检察制度正在走向成熟，近期欧陆的司法改革纷纷取消预审制度，瑞士、奥地利等国家已经取消预审法官，这是检察制度走向成熟非常重要的标志，说明检察官已经足以获得信任并能够充分行使权力。我们国家不可否认存在一些问题，我个人认为我国的预审制度就是现在的侦查监督制度，但是需要完善，并有可能演变为中国特色的预审制度。

祁 堃[①]：请教张老师一个关于法庭审理的问题，美国的审判程序将定罪和量刑两个环节分离，这样律师可以在不同的阶段采取不同的诉讼策略。在中国，定罪和量刑在一个环节完成，这在一定程度上不利于辩护人为被告人争取利益。请问您怎么看？

张 栋：美国的刑事诉讼不像我国分立案、审查起诉、审判等各个阶段，但审判程序本身是分阶段的。**美国刑事诉讼将定罪程序和量刑程序分开，从刑事诉讼理论上看很有价值。**章莹颖案在保释阶段和审判阶段的法官是不一样的，律师的辩护策略也不同，这是我国以后优化刑事诉讼程序的一个重要方面。

---

① 祁堃，上海市人民检察院检察官助理。

如果"章莹颖案"发生在中国

补充一点关于章莹颖案管辖权的问题。本案发生在伊利诺伊香槟分校，但是却由 FBI 调查，由联邦检察官起诉，并且在联邦地区法院审理，是纯粹的联邦案件，适用美国联邦法典。这源于林白法案确定的管辖规则。1932 年，美国国会通过林白法案（Lindbergh Act，或译为林德伯格法案），法案规定绑架案发生后 24 小时，即可推定为被害人已经越过州境，案件成为联邦罪案，由 FBI 接手案件。该法案目的是让联邦政府介入并追捕跨越州际的绑架者。林白案使联邦调查局第一次获得在州层面的执法权，是联邦调查局发展历程中里程碑式的案件。

曾国东：章莹颖案中，嫌犯克里斯滕森始终保持沉默，我们在刑事诉讼一直强调不得强迫自证其罪，但很可能正是因为克里斯滕森的沉默才致使章莹颖至今下落不明，您如何看待美国的这种绝对沉默权制度？

张 栋：沉默权是目前最被误解的权利之一。首先，实践中，主张沉默权的情况真的没有我们想象的那么普遍。美国司法实践当中绝大多数犯罪嫌疑人都是有口供的，因为只有在行为人人身自由被约束时才必须进行米兰达警告，而大部分情况下警察询问时行为人的人身自由没有被约束，也就不存在主张沉默权的问题。其次，各个国家的沉默权制度各不相同。例如，在欧洲国家中，法国和德国两国的沉默权制度就完全不同。德国严格执行告知制度，且法官不允许作不利推定，所以德国 70% 以上的犯罪嫌疑人主张沉默权，但德国设置了精密的刑事诉讼程序，且侦查机关侦查能力很强，整个国家犯罪率也很低。相反，法国 90% 以上的犯罪嫌疑人是有口供的，因为法国告知的范围比较有限，且法官可以就沉默进行不利推定，但沉默权制度有效地遏制了刑讯逼供。所以每个权利的发展都会有不同的阶段，在现实中会有不同的形态。

我个人主张在我国逐步建立沉默权制度。沉默权是刑事诉讼发展进程，尤其是证据制度发展的分水岭。刑事证据制度发展经历了最早的神示证据制度，到法定证据制度，再到自由心证证据制度。法定证据制度主要靠人证，口供是证据之王。现代刑事证据制度最重要的标志是以物证为中心，不确立沉默权制度无法实现由以人证为中心到以物证为中心的里程碑式的转变。我认为，真正解决刑讯问题的措施必须是前置的，沉默权和律师在场制度确立后，人类历史上才第一次真正解决了刑讯逼供问题，从源头上控制了警察不择手段获取口供的冲动。所以，我们要正确理解沉默权制度，我们虽不能在一夜之间确立沉默权制度，但是可以逐步推进。

曾国东：我很赞同张栋的看法。随着各国司法体制的不断完善，两大法系的诉讼制度不再呈现泾渭分明的特点，而是表现出相互借鉴、相互融合的趋势。例如，大陆法系在职权主义传统下，吸收了英美法系诉讼制度的精神。在英美法系中，沉默权行使也不是绝对化的。米兰达规则确立诸多例外规则来平衡惩罚犯罪和保障人权的关系。例如，1980年纽约州诉考尔斯一案确立了米兰达规则"公共安全的例外"，当公共安全受到威胁时，警方询问枪支弄丢地点是为了维护公共安全，未进行米兰达警告的证据具有可采性。在1990年的伊利诺伊州诉伯金斯一案中，最高法院认可了狱所"卧底线民"的证据能力，虽然卧底线民是在无任何权利警告的情况下获取犯罪嫌疑人供述的，法院仍然认为监所内的卧底线民并未对嫌疑人实施强制行为，所以嫌疑人供述仍然是"自愿"的。

孟庆华[1]：我比较困惑的是，事实上在本案中被告人并没有口供，那么警察之前询问被告人时做笔录了吗？证明力如何？

张　栋：每个国家的法律文化不一样，东方国家特别重视口供。美国没有严格意义上的笔录概念，从起诉书看，犯罪嫌疑人第一次供述实际是从警方的证言中体现的。证据法的终极目的是提升证据质量，证据规则不断强化的结果是每个证据可靠性很高，检察机关凭少量的，但可信度很强、质量很高的证据就可以起诉，其实是降低了证明的难度。要尊重、顺应司法规律和刑事诉讼证明规律，在体系化的证据制度网络中降低取证成本和提高证据质量。

曾国东：司法责任制落实后，社会公众对我们检察机关的期待很高，在

---

[1] 孟庆华，上海市宝山区人民检察院检察官。

很多案件难以判断的时候，检察官还要有责任担当，要基于自己的专业知识形成自己独立的判断，并敢于根据权力清单行使权力。

张　栋：在美留学生章莹颖的遭遇让我们惋惜和同情，章莹颖案也是我们了解美国刑事司法程序特别好的样本，希望我们能共同持续关注案件进程，并从中收获一些反思和启迪。谢谢大家！

填上"坑老"的陷阱
——涉保健品案件犯罪行为如何认定及预防

- 时　　间：2019年1月14日
- 地　　点：上海市宝山区人民检察院
- 嘉　　宾：李　翔　华东政法大学教授、博士生导师
　　　　　　练育强　华东政法大学教授
　　　　　　奚山青　上海市人民检察院检察官
　　　　　　戚永福　上海市人民检察院检察官
　　　　　　林仪明　上海市人民检察院检察官
　　　　　　王宗光　上海市第二中级人民法院法官
　　　　　　王晓林　上海市人民检察院第二分院检察官
- 召 集 人：方正杰　上海市宝山区人民检察院副检察长
- 文稿整理：周　慧　周　欣

【研讨案例】 2016年9月至2018年5月间，犯罪嫌疑人A1、A2、A3以某生物科技有限公司的名义，雇用犯罪嫌疑人（编号A4—A33）等人在某商务楼等地，通过报纸广告、发传单、拨打电话等形式，以赠送礼品为诱饵，将老年人诱骗至公司，再以虚假宣传保健品效果、虚假身体检测等手段，诱骗被害人以高价购买"免疫球蛋白""肽神片剂"等保健食品69万余元，从中获取暴利。

人员具体分工：A1为公司法定代表人，A2为公司财务，A3为公司经理，A8负责主持产品介绍会，A7负责产品介绍会的后勤及部分收银工作，A4、A5分别冒充专家对"免疫球蛋白"和"肽神片剂"等产品进行介绍授课，A6负责虚假的身体检测（仅对免疫球蛋白购买者），之后由A9、A10等人冒充医生进行体检报告咨询；其余人员为销售人员，包括公司本身的销售人员和外销团队。

具体手段：该公司对内部销售人员进行了话术培训。销售人员通过编造各种虚假身份，以赠送礼品为诱饵吸引老人参与活动，并在接老人来生物公司的路程中提前和老人沟通身体情况，同时做好记录，以便反馈给做体检报告咨询的A10、A9、A4、A3进行攻单（说服老人购买）。对老年人进行讲课的A4、A5假冒专业人士（中华医学会等机构专业人员），以夸大疗效、虚构国家补助、国家重点工程补贴价格的方式，骗取老人购买产品。检测师A6供认对老人进行免疫球蛋白身体检测的数据实为随意输入，不具真实性，每个被检测者都会被检测出免疫力低下的结果。而负责肽神压片授课的A5供述做检测的仪器也是骗人的。A10、A9等咨询老师根据虚构的免疫力报告给老年人做报告分析并推荐肽神、免疫球蛋白产品。

据查，销售金额和进货价格的差距悬殊。免疫球蛋白的出厂价格为每盒人民币8.64元，生物公司的进货价为150元左右；肽神为每瓶11元左右的成本价，生物公司的进货价为126元一盒。而免疫球蛋白所谓折扣价销售给老人为990元一盒，肽神为1280元一盒。

方正杰： 今天我们邀请各位嘉宾，结合我院正在办理的这起涉保健品案件，来共同探讨如何准确适用法律，更为精准有力地打击、震慑、预防此类危害社会行为，更好地维护人民群众的合法权益。

本次研讨会我们分为以下三个版块开展研讨：一是本案是否构成犯罪以及如果构成犯罪，是诈骗罪还是合同诈骗罪的问题；二是本案主、从犯如何认定以及类案入罪的标准和尺度问题；三是本案是否可以提起刑事附带民事公益诉讼以及如何加强社会综合治理的问题。下面请各位嘉宾先围绕第一个版块发表意见。

一、本案是否构成犯罪，若构成犯罪是诈骗罪还是合同诈骗罪

李 翔： 本案应认定诈骗罪。首先，合同诈骗罪只限定在签订履行合同过程中，且我们不能对合同诈骗罪中的"其他"条款进行扩大解释，因此本案不符合合同诈骗罪的客观构成要件。其次，本案基本案情中列举了好几种欺骗手段，但我们要进行仔细区分，确定哪些行为是生活中的"欺骗行为"，哪些行为符合诈骗罪中的"欺骗手段"概念。比如夸大疗效的行

为，由于本案的保健品不属于药品，因此该行为不能看作是诈骗罪中的欺骗手段；再比如销售价格与进货价之间悬殊较大的事实，由于本案的保健品没有在市场上售卖，也没有同类产品进行价格类比，因此嫌疑人提高保健品价格出售的行为也不能看作是诈骗罪中的欺骗手段；另外本案中涉及嫌疑人编造虚假身份的情况，那么对于嫌疑人编造的身份是否属于国家机关工作人员的范围，我认为应当继续查实，以确认其是否还构成招摇撞骗罪等其他犯罪。

综合全案案情，我认为犯罪嫌疑人通过虚构身体检测数据和免疫力报告

这一行为符合诈骗罪的构成要件，因为被害老人基于该行为误以为自己身体功能受损且免疫力低下，从而选择购买嫌疑人推荐的保健品来强身健体，也就是诈骗罪中的诈骗模式：行为人采取欺骗手段让被害人产生错误认识从而自愿处分财产。尽管被害人支付对价获得了商品，但如果没有这种错误认识，被害人不会选择购买保健品，涉案保健品实际上对被害人无意义。

谢　斌[①]：本案的生物科技有限公司是一个企业，我认为其销售保健品的行为应当看成企业的正常经营行为，被害老年人属于消费者群体，那么本案中的这种诈骗行为与民事欺诈或者与侵犯消费者权益行为有何区别？因为从案件中的具体手段来看，送小礼品、拨打电话、夸大宣传等形式在保健品市场上比较常见，那么我们在认定该类行为属于犯罪时应当更加谨慎，将其做入罪处理我认为有待商榷。

王　涛[②]：我认为本案应构成诈骗罪。首先，犯罪嫌疑人通过报纸广告、发传单、赠送礼品等形式将老年人诱骗至公司，随后又通过虚构身体检测数据、虚假宣传保健品效果，诱骗老年人购买不具有保健功效的保健食品，从而获取暴利。这是一个完整的诈骗行为，犯罪嫌疑人经过策划，一环套一环，其诈骗行为没有争议。同时对于整体行为中虚构身体检测数据的事实我认为属于关键诈骗行为，其他行为属于辅助诈骗行为。其次，我认为应当继续对公司进行查证，以确认其究竟是为了实施诈骗而成立公司，还是成立公司后才开始实施诈骗犯罪，可以更进一步证明其犯罪主观目的。最后，关于本案的犯罪金额69万元，在诈骗罪

---

① 谢斌：上海市宝山区人民法院法官。
② 王涛：上海市人民检察院检察官。

中属于"数额特别巨大",该数额的认定是否有证据予以证明?

戚永福: 本案应认定为诈骗罪。我认为虚假检测数据是本案的决定性诈骗行为,因为诈骗罪的核心就是行为人通过虚构事实、隐瞒真相从而使被害人产生错误认识进而处分财产。本案中如果行为人没有提供虚假检测数据,虚构老年人免疫力低下的事实,那么老年人的购买行为不能称之为被骗,而只能说犯罪嫌疑人营销手段高超。所以就算是行为人没有虚高定价、夸大疗效,但有了这一个欺骗手段,其诈骗的事实就无法否认。另外,关于犯罪嫌疑人的非法占有目的,我认为还需要进一步查实。比如涉案的69万元资金走向,是全部转移还是留存公司?该公司除了涉案的两款保健品之外,有无销售其他商品?通过对这些事实的查证,来确认其非法占有的主观目的。

奚山青: 如果本案的被害人不是老年人群体,我倾向于将行为人的诈骗行为认定为普通的商业欺诈行为。因为如果我们认为该生物科技有限公司以翻了6倍的价格销售保健品属于诈骗,那么生物科技有限公司的进货价与生产厂家的成本价相差将近20倍,我们为什么不认为生产厂家涉嫌诈骗?而且该保健品没有市场定价,也无法进行类比,那么被害人购买保健

品就是正常的市场行为,属于普通的消费者行为。但本案中的购买者是老年人,对老年人的诈骗行为应当严厉打击。因为就像未成年人可以作为特殊群体受到司法保护一样,老年人也应当区别对待。老年人与未成年人有相似之处,老年人由于身体机能逐步减弱,其学习能力、理解能力、分析能力都在降低,很容易受到蒙骗,同时,老年人极度渴望健康,这就让犯罪分子有了可乘之机,他们会利用老年人的这些特点对老年人实施犯罪。比如本案中的

老年人从不想买保健品到最后掏钱购买，就是基于犯罪嫌疑人的虚假检测报告，让其产生错误认识从而导致财产损失，所以我认为本案应认定为诈骗罪。另外，我们有必要对本案中的犯罪团伙进行着重调查，该团伙中的人员分工、话术培训等情况我们都要进一步查证，尤其是要查清该团伙的属性：该团伙是否属于专门诈骗团伙？是否是专门针对老年人进行诈骗？再者，本案的犯罪金额与定性同样重要，因为该保健品没有市场定价，那么犯罪数额的认定就有分歧，这直接影响了该行为能否刑事入罪。但如果我们能将本案中的保健品看作犯罪工具，那么就不需要考虑其出厂价或者销售价，就像实践中有犯罪嫌疑人将奶粉当成毒品买卖，定罪时不需要扣除奶粉的成本价一样，犯罪工具不需要扣除成本。

考虑到老年人团体的特殊性，目前社会上对老年人进行诈骗的行为具有较大社会危害性，我们应该形成打击共识，对老年人进行司法保护，维护老年人的合法权益。

王宗光： 民事欺诈与刑事诈骗有其界限，我认为二者是量变与质变的关系，严重的民事欺诈会转化为刑事诈骗；轻微的刑事诈骗也有可能定为普通的民事欺诈，所有的刑事诈骗都是民事欺诈，但不能将所有的民事欺诈都作为刑事犯罪来打击。虽然本案中发广告、送小礼品、打电话等行为在市场上司空见惯，看起来好像很难入罪，但我们不能将这些行为割裂开来，应该进行整体评价。

我认为本案构成诈骗罪，理由有三：一是该犯罪团伙的犯罪行为符合诈骗罪的构成要件，本案中至少存在四项"虚构事实、隐瞒真相"行为：虚构该项目属于国家工程有优惠、虚构具有正式执业医师资格、虚构身体检测数据以及价格欺诈行为。这些行为环环相扣，使得被害老年人产生错误认识从而处分财产；二是本案与其他的古玩、玉器市场买卖不一样，古玩、玉器这类商品一般没有市场价，价格完全属于仁者见仁智者见智，本案中的保健品虽然也没有市场价，但其属于犯罪工具，不用考虑其成本价格，在认定数额时可以不扣除成本；三是本案不能认定合同诈骗罪。实践中，无论是书面合同还是口头合同，都应当具备标的、数量、价款酬金、履行时间地点方式、合同变更解除条款、违约或特需条款等六要素才有效，所以本案不符合合同诈骗罪的构成要件。从保护老年人权益的角度，我认为很有必要对该类诈骗行为进行打击。

二、本案主从犯如何认定及如何把握类案入罪标准

方正杰： 刚才，各位专家与嘉宾从不同角度对本案的行为性质谈了自己的观点。从总体上看，大都认为该行为应构成诈骗罪。下面请各位就第二个版块发表意见，即本案的主、从犯该如何认定以及如何把握类案入罪的标准和尺度？

王宗光： 根据犯罪嫌疑人在共同犯罪中所处的地位和作用，我认为A1、A3应当认定为主犯，因为公司的法定代表人和经理对公司进行全盘掌控，这一系列环环相扣的行为他们是知情者和决定者；另外我认为对于其他主持产品介绍会、冒充专家负责虚假身体检测以及做虚假身体报告说明的员工也应当认定为主犯，因为他们是直接实施诈骗行为人，不过应对其所起作用在主犯幅度内作一区分；最后对于不知情、不接触诈骗核心的后勤、收银、销售人员，应当认定为从犯。

李　翔： 我认为本案的主犯应当包括以下两类人员：一类是总体策划、全盘掌控的组织领导者，如公司的法定代表人和经理；另一类是实施具体诈骗的实行行为者，如冒充专家授课的、做虚假身体检测的以及做虚假身体报告说明的员工，也应当认定为主犯。但考虑到本案的犯罪数额是69万元，根据刑法规定，量刑幅度为10年以上，而本案到目前共抓获了33名犯罪嫌疑人，如果其中的大部分被认定为主犯，从量刑角度来看，可能会导致总体量刑偏重，所以为了保证罪刑相适应，应当对第二类主犯进行区分，均衡量刑。其他起辅助作用、未参与实施诈骗行为的应当认定为从犯。

王晓林： 我认为本案的主、从犯应分为三个档次来认定，首先，是公司的管理层、实施策划者应当认定为主犯，也就是本案中的法定代表人和经理；其次，对于实际诈骗行为人，如产品介绍人、冒充医生、做虚假身体报告的这些员工，我认为应当认定为从犯，理由有两点：一是他们的诈骗行为是在本案主犯的指挥下实施的；二是定从犯可以在量刑上与主犯拉开档次，不至于量刑过重；最后，本案中的销售人员、后勤收银人员也属于从犯，不过应当在量刑上与第二类从犯进行区分。

奚山青： 本案中法定代表人与经理是当然的主犯，这个没有争议，但我认为主犯还应当包括一类人员，就是销售人员中与外部联系合作的这部分人，他们获利的比例高达50%至60%，他们与拿固定工资的普通销售人员不同，所以应当认定为主犯。此外，普通的销售人员、假冒医生、做虚假身体报告以及收银等后勤员工，应当认定为从犯，但从犯也应当根据工作年限、收入模式（固定工资或利润分成）、主观明知的程度等方面进行区分；最后是认定不构成犯罪的一类员工，即对于新进公司的人员，如果工作时间短、不知晓公司诈骗模式的，不应当认定为犯罪。因此，主从犯的认定应进行细致掌握、准确区分，做到罪责刑相适应。

谢　斌： 本案属于涉众型诈骗犯罪，与我们之前办理的"招转培诈骗""二手车诈骗"等案件有相似之处，都是犯罪嫌疑人与被害人数量较多的情形。在法庭审理中，主、从犯的认定非常重要，因此我们在前期证据的收集、认定各证据间的印证关系方面一定要做到准确完备，除了前面嘉宾提到的情节之外，还要考虑涉案的时间范围，在数额上作区分，以保证准确适用法律。

三、本案能否提起刑事附带民事公益诉讼及如何加强社会治理

方正杰： 各位专家与嘉宾对本案主从犯认定的探讨，对我们准确办理该

案以及类似案件具有很好的指导意义。下面有请各位嘉宾讨论第三个版块,即本案能否提起刑事附带民事公益诉讼以及如何加强社会治理?

谷晓丽[①]:2018年3月,最高人民法院、最高人民检察院联合下发司法解释,规定公益诉讼包括行政公益诉讼、民事公益诉讼以及刑事附带民事公益诉讼三种形式。结合到本案,已经查实的被害老人有41名,现实中可能还有更多被害老年人未查实,因此,为了维护老年群体的合法权益,从节约司法资源、提高司法效率的角度考虑,我们认为应当提起刑事附带民事公益诉讼。

但对于能否提起,我们有两点困惑,希望各位专家和嘉宾不吝赐教:一是根据"两高"联合下发的《关于检察公益诉讼案件适用法律若干问题的解释》第20条规定,"人民检察院对……食品药品安全领域侵害众多消费者合法权益等损害社会公共利益的犯罪行为提起刑事公诉时,可以向人民法院一并提起附带民事公益诉讼"。可以看出,本案符合侵害众多消费者合法权益行为的规定,但保健品是否属于食品、药品安全领域?二是根据"两高"司法解释规定,对于诈骗、盗窃等因非法占有故意、处置他人财产致使他人遭受损失的犯罪,不需要提起刑事附带民事诉讼,法院也不受理。如果本案被认定构成诈骗罪,我们能否向法院提起刑事附带民事公益诉讼?也就是说,刑事附带民事公益诉讼是否受有关刑事附带民事诉讼法律规定的限制?此外,如果我们可以就本案提起刑事附带民事公益诉讼,那么在惩罚性赔偿、召回、赔礼道歉这三种方式中,我们应提出哪种诉求?

练育强:2018年12月25日,最高人民检察院发布了检察公益诉讼十大典型案例,包括7个诉前程序典型案例和3个诉讼程序典型案例。在7个诉前程序典型案例里有4起案件涉及食品、药品安全领域,3个诉讼程序典型案例里有1起案件是关于食品安全方面,因此我们可以看到,当前司法机关

---

① 谷晓丽,上海市宝山区人民检察院检察官。

填上"坑老"的陷阱

对危害食品、药品领域安全的打击力度非常大。结合到本案，我有两点看法：

一是本案可以提起行政公益诉讼，责令相关市场监管部门履行职责。根据法律规定，对生态环境和资源保护、食品药品安全、国有财产保护、国有土地使用权出让等领域的侵害可以提起行政公益诉讼，虽然法律通过列举式的形式规定了行政公益诉讼的范围，但条文后还有一个"等领域"作为兜底性表述，这也与最高人民检察院此次发布的第7个诉前程序典型案例——浙江省宁波市"骚扰电话"整治公益诉讼案相印证，因为"骚扰电话"不属于上述四种情形之一，由此我认为无论本案中的保健品能否认定为食品、药品领域范围，都不会妨碍我们提起行政公益诉讼。

二是本案可以提起刑事附带民事公益诉讼。2018年3月1日"两高"联合下发的《关于检察公益诉讼案件适用法律若干问题的解释》第20条规定，"人民检察院对破坏生态环境和资源保护、食品药品安全领域侵害众多消费者合法权益等损害社会公共利益的犯罪行为提起刑事公诉时，可以向人民法院一并提起附带民事公益诉讼"。我们注意到，这一条款同样进行了"等损害……"这一兜底性表述，那么此处的"等"我们是否可以理解为"食品药品安全等领域"呢？考虑到公益诉讼的设置目的是维护社会群体的公共利益，那么老年人作为社会上的弱势群体，在权益受到侵害时，通过行使诉讼权利维护自己合法权益的力量比较薄弱，我认为本案可以适用上述第20条的规定，由检察机关提起刑事附带民事公益诉讼。

至于诉求这一方面，我认为还需要进一步思考。因为《侵权责任法》《食品安全法》和《消费者权益保护法》都对消费者个人的惩罚性赔偿诉讼请求作出了明确规定，但对公益诉讼中，起诉主体是否可以提出惩罚性赔偿诉讼请求没有明确。

林仪明： 保健品坑害消费者特别是老年人备受社会关注，涉及老年人公共利益，为此市院今年年初主动回应社会关切，专门组织开展了保健品领域公益诉讼专项监督活动，与市场监管部门的"保健品整治百日行动"同步推

125

进、同频共振，期待在该领域发挥检察公益诉讼的积极作用。

我认为检察机关针对本案可以提起刑事附带民事公益诉讼，理由有三点：一是本案的被害人属于不特定的社会公众，如果对本案不进行处理，很有可能导致更多的老年人权益遭受损害；二是我们对食品安全的界定不应过于狭隘，而应该在社会整体的框架内用发展的眼光来看待；三是虽然本案中的保健品不属于有毒有害或者是不符合安全标准的食品，但其没有治疗的功效，有可能老年人服用了该保健品反而延误了自身疾病的诊疗，所以存在损害，因此本案符合公益诉讼的基本要求。

此外，关于惩罚性赔偿机制，我认为其设置初衷是为了弥补行政执法的不足，它有利于提高违法者的违法成本，减少其再违法犯罪的机会，也能对其他的违法者起到警示作用。但我认为赔偿金不应直接赔偿给消费者，而应该通过建立赔偿基金的方式来管理、使用和发放，但目前这方面的配套机制仍在探索当中，还需要进一步深入研究。

此外，从消费者角度来说，不法分子抓住老年人想通过吃保健品强身健体的心思，趁虚而入，诱骗老年人高价购买保健品，老年人应当提高警惕，对"免费送礼""洗脑宣传""亲情感化"等招数坚决说不，对于大额消费支出，应当和子女商量后再作决定。广大子女们也应当对父母多关心、多沟通交流，了解父母的所思所想，防止老年人上当受骗。

方正杰：非常感谢各位嘉宾的精彩发言。此次研讨会的召开对区院办理保健品诈骗案件具有非常重要的指导和参考意义，为区院立足检察职能、服务社会大局提供了有益的帮助和启发，同时也让区院检察干警开阔了视野、提高了司法办案能力。再次对各位专家与嘉宾的热情参与和指导表示衷心的感谢！

救命卡岂是摇钱树
——非法使用医保卡刑事责任如何认定

时　　间：2018 年 12 月 20 日
地　　点：上海市静安区人民检察院
嘉　　宾：周子简　上海市静安区人民检察院检察官
　　　　　张　婷　上海市静安区人民检察院检察官
召 集 人：顾　文　上海市静安区人民检察院检察官
文稿整理：蒋　凡　祁　堃

【研讨案例】2015年1月至2017年9月，赵某等六人，单独或伙同他人，使用本市多名居民医保卡、就诊册，至本市多家医院，冒用他人名义配取医保药品，再加价出售给王某等七人，后者通过物流公司非法销往黑龙江等地。经查，赵某等人共骗取医疗保险金共计人民币95万余元，王某等人非法经营药品金额达552万元。静安区人民检察院以诈骗罪对赵某等人、以非法经营罪和诈骗罪对王某等人提起公诉。2018年12月19日，静安区人民法院以诈骗罪判处赵某等人有期徒刑5年6个月到7个月不等的有期徒刑，并处人民币30000元到3000元不等的罚金；以非法经营罪和诈骗罪判处王某等人7年到1年4个月不等的有期徒刑，并处人民币30万元到5000元不等的罚金。

一、如何认定骗取医保基金的行为及犯罪数额如何计算

顾 文：医保卡在普通人眼里是"救命卡"，在缓解看病难、看病贵的问题上发挥了不可或缺的作用。然而，在一些不法分子眼里，医保卡中蕴藏了无限"商机"。近年来，时常有不法分子有偿租用医保卡，配取药品后进行贩卖牟利。这类行为手段隐蔽、屡禁不止，对我国医保基金的运营安全和国家药品管理秩序均造成严重影响。今天，请两位检察官来，通过案例探讨，希望可以进一步明晰对非法使用医保卡牟利的犯罪案件认定。首先，请两位谈谈如何认定骗取医保基金的行为？犯罪数额应如何计算？

周子简：在案例中，赵某等六人实施了借用他人医保卡配药后套现的行为，通过虚构涉案医保卡持卡人所需要服用的药品种类和数量，通过多次、大量配药，将超过持卡人正常服用剂量的药物拿去出售。因医保卡持卡人在购买药品超过自付阶段后，医疗保险将会提供70%—85%不等的补贴，故此行为属于非法占有国家医疗保险金，且具有很明显的欺骗性。

应当看到，这种骗取医疗保险基金的行为只是医保诈骗最为初级的一种形式。随着医保在全国范围的全面普及和不断深入，仅就城镇医保而言，各种相关主体（定点医疗机构、定点零售药店、参保人员、医疗保险经办机构）都一定程度上存在通过医保基金诈骗套取现金红利的渠道。

犯罪主体大致可以分为上述四类，而在每一类犯罪主体下，犯罪的客观方面仍旧可以分出多种。就拿与本案有关的参保者诈骗（本案中一些市民为了蝇头小利从医院多开处方药物然后转卖给药贩子赚取差价，以求发点小财）就有以下六种路径可走：将本人的社保卡授权第三人操作运用；冒用第三人社保卡；作病情不实化陈述，将病情反映得十分严重，以求更高级量大的诊疗及药品从而提高其报销比例（如本来只需门诊，却通过各种弄虚作假手段夸大病情住院，以此来获取更高级别的医学检查、诊疗和更大报销比例）；隐瞒真相骗取医保基金（如参保人因交通肇事、斗殴或第三方原因获得不能进行医保报销的外伤但谎称自己意外摔伤）从医院开药后贩卖给他人；变造伪造相关材料文书（包括但不限于疾病证明书、病历、医院处方、医疗费用发票或其他证明材料的）。

如果是专业医疗机构参与其中，那么非法套取医保基金的方法就更加繁多且隐蔽，据了解大致可能有以下十种之多：将医保不予报销的项目改头换面为予以报销的范围（将基本医保药品、诊疗项目、医疗服务设施范围目录以外的项目，经过各种巧立名目的包装转换成目录以内的项目）；将不可实施医疗报销操作的病种转换成可操作报销病种（如参保人因各种违法犯罪，包括但不限于交通肇事、酗酒、打架斗殴、吸毒，以及精神病患者除外的自杀、第三方责任等产生的医药费）并将相关费用实施医保结算；将参保人在非定点医院产生的费用纳入定点医院的系统中，骗取医保基金；允许甚至引导未参加城镇医保的患者以城镇医保参保人名义住院从而获取医保基金；人为实施多次出入院操作（将尚未治愈的住院患者办理多次出入院手续，增加住院次数后降低住院次均费用）；降低住院标准（将门诊病员收治入院或采用人不在医院,但名义上住院治疗的挂床住院方式来非法侵占医保基金);违反物价规定多次收费或乱收费(将低价项目改换成高价项目,或是将后者分解成多个低价项目规避医保限价,更多非法获取城镇基本医保基金);违反因病施治原则及有关规定检查用药泛滥肆意,进行不必要的诊疗和配药;提供假材料(包括但不限于诊断证明、病历、处方和医疗费票据)、传送虚假诊疗信息或多次传递诊疗数据非法侵占医保基金。这些行为对医保基金安全的冲击性远甚于个别病患为谋取小利转手倒卖手头药品的行为,它威胁到整个医疗体系的正常运作,关系到人民群众的健康权益保障,不可等闲视之。所以,骗取医保基金的行为必须引起司法机关高度重视,依法查办相关刑事案件,并做好犯罪预防工作。

上述行为,根据全国人大常委会2014年4月24日出台的立法解释,即<u>以欺诈、伪造证明材料或者其他手段骗取养老、医疗、工伤、失业、生育等社会保险金或者其他社会保障待遇的行为,属于《刑法》第266条规定的诈骗公私财物的行为</u>,案例中借用他人医保卡配药后套现的行为可以以诈骗罪认定。

张 婷:诈骗犯罪的数额如何认定,司法实践中一直存在争议。我们认为,诈骗金额可以从两个角度进行考察。一个是诈骗行为人的角度,从这一角度看,根据诈骗犯罪主客观两者,即预期与实得之间的差别关系,包括了诈骗预期数额与诈骗到手数额。诈骗预期数额,是指行为人着手进行诈骗在主观上谋求获得的数额,即所谓的心理预期值,它体现的是行为人主观恶性的大小。诈骗到手数额则是行为人通过实施诈骗最终从被害人处非法获得的财产数额,它体现的是行为所侵犯法益的大小。在一定条件下这二者可能是完全一致的,而在另一些情形下,二者并不一致,加以区分把握也是必要的。另一个则是诈骗被害人角度。我们根据被害人因各种原因被骗转移所有权或其中使用权的财产数额、行为人在案发前有无退还等因素,可以将诈骗数额分为交出数额和实损数额。前者是被害人因被骗所交付给诈骗行为实施者的财产数额。后者是综合全案情况

（如出现多次诈骗用后次归还前次诈骗财物、诈骗行为实施者退还等情形）被害人实际损失的金额。

　　这里存在一个实务操作问题，就是司法实践中应当更看重从诈骗行为人的角度，还是从诈骗被害人角度认定的犯罪金额。我们不妨研究说一下近年来与诈骗罪有关的司法解释。2011年最高人民法院、最高人民检察院《关于办理诈骗刑事案件具体应用法律若干问题的解释》第2条第1款规定："诈骗公私财物达到本解释第一条规定的数额标准，具有下列情形之一的，可以依照刑法第二百六十六条的规定酌情从严惩处：（一）通过发送短信、拨打电话或者利用互联网、广播电视、报刊杂志等发布虚假信息，对不特定多数人实施诈骗的；（二）诈骗救灾、抢险、防汛、优抚、扶贫、移民、救济、医疗款物的；（三）以赈灾募捐名义实施诈骗的；（四）诈骗残疾人、老年人或者丧失劳动能力的人的财物的；（五）造成被害人自杀、精神失常或者其他严重后果的。"都注重从被害人角度（包括普通被害人、特定领域被害人）角度进行考量。2016年最高人民法院、最高人民检察院、公安部《关于办理电信网络诈骗等刑事案件适用法律若干问题的意见》第2条第2项也罗列了"造成被害人或其近亲属自杀、死亡或者精神失常等严重后果的""诈骗残疾人、老年人、未成年人、在校学生、丧失劳动能力人的财物，或者诈骗重病患者及其亲属财物的""诈骗救灾、抢险、防汛、优抚、扶贫、移民、救济、医疗等款物的""以赈灾、募捐等社会公益、慈善名义实施诈骗的"等从被害人损失视角制定的款项。

　　我们认为，《刑法》设置诈骗罪，保护的法益应该是被害人的财产利益，所以我们也应根据司法解释的有关精神，着重从被害人实际损失的角度去认定诈骗罪犯罪数额。具体到本案，国家对通过医保途径就诊配药予以补贴，参保人员能以远低于市场价获取药物。本案中被告人冒用参保人员身份到医院就诊配药，低价获取药物后再将药物加价卖出牟利，将国家对药物的补贴进行变现，骗取了国家对药物的补贴，并造成医保统筹基金损失，因此，国家对药物补贴的数额即被告人诈骗的数额。至于被告人出售药物的价格，应属于事后销赃行为，销赃价格的高低不影响对诈骗罪的定罪量刑。

顾　文： 我觉得可以补充点，这类案件在认定犯罪数额时要注意，在被告人最终获取的资金中，有属于正常治疗而产生的医保报销资金，也有利用欺骗手段超出实际需要多次、大量配药后套取的医疗保险金补贴，认定犯罪数额时要扣除医保卡所有人实际服用药物的数量、金额。另外，还要区分被告人是使用涉案医保卡中个人账户资金，还是套取国家药物补贴，不宜简单地将医保账户资金认定为诈骗犯罪的金额。

如上所述，从被害人角度考量，犯罪数额要作出交出数额和实损数额这一细致区分，方能精准确定涉案金额，从而正确定罪量刑。因此在本案中犯罪金额计算方式如下：涉案金额＝案发时间段医保卡所有购买药品明细－医保卡所有人服用的药品数额－自付阶段金额。

二、如何认定非法倒卖药品的行为

顾　文： 请两位谈谈如何认定非法倒卖药品的行为？

张　婷： 近年来，制售假药、劣药违法犯罪活动时有发生，不仅严重破坏了我国社会主义市场经济秩序，也严重侵害了人民群众的身体健康和生命安全。药品安全问题成为人民群众反映强烈的社会问题之一。

为更严密有效地保护人民群众生命健康权，《刑法修正案（八）》将《刑法》第141条生产、销售假药罪由危险犯修改为行为犯，取消了入罪门槛，只要行为人实施了生产、销售假药的行为，就要定罪处罚。这样修法的目的在于更严密有效地保护人民群众的生命健康权。但是长期以来，药品安全行政监管执法和刑事司法衔接不畅，使得药品流通领域中一些未取得合法资质的单位和个人利用互联网、快递等现代物流手段代物流手段生产、经营药品，形成了具备上中下游的犯罪网络团伙。

我们在网上收集到的资料显示：上海市药监局的稽查人员早在2007年通过摸底发现仅市中心北片三个行政区普陀、闸北、宝山在街头收购居民多余药品的就有上百人。这些收购居民多余药品的人员自称无论何种药品他们一律收购，只有内包装者将价格降低一些，外包装无污损且带说明书者则价格将升高一些。行政主管机关工作人员在经过一段时间调查后因认定药贩子们回收的药品数量巨大，遂对回收药的窝点作突击检查，查出了血液制品和生物制品。

免疫球蛋白、人血白蛋白等血液制品主要用于重症治疗、急救。我国《血液制品管理条例》第28条规定："血液制品经营单位应当具备与所经营的产品相适应的冷藏条件和熟悉所经营品种的业务人员。"个体药贩们显然根本不具备专业冷藏药品的条件。药监部门送检化验查封的血液及生物制品的结果显示送检的人血白蛋白的样品里的主要成分蛋白的含量为零。据检测人员介绍，这样的产品如果用在其所针对的需要输血的重症或者急救病人不会产生任何疗效，对于病情严重者还会因导致延误治疗而产生性命之虞。

经公安机关侦查发现，一些药贩子为躲避侦查并避免被广大群众怀疑，会将收集到的民众治疗结束后的剩余药品运到居民较少的高档小区后打包，又利用半夜时间将药送往附近的托运站，并每次在托运单上的货物名称一栏都不标明是药品，而是注明托运货物为保健品。每次托运完药品的不长一段时间内都有钱款汇到药贩子的银行账户上。原上海市公安局闸北分局办理的一件非法倒卖药品的案件中，一盒芬必得、吗丁啉的市场售价是人民币十七八元，其收购价都不到12元，其中有50%的差价。而对于通心络、波依定、降压0号价格更高的药品则要涨价100%—200%。药贩子级别越高，瓜分到的中间差价利润就越大。

综上，非法倒卖药品无论是对病患服药者，还是对药品监管正常秩序而言，社会危害性都较大，有时甚至达到了触目惊心的地步。对于上述药品安全的保障造成严重隐患，引起了全国人大代表的重视。"两高"在广泛征集社会各界意见的基础上，于2014年11月18日出台司法解释《关于办理危害药品安全刑事案件适用法律若干问题的解释》，为打击危害药品安全犯罪提供明确的司法解释依据。

周子简：根据最高人民法院、最高人民检察院2014年11月出台的《关于办理危害药品安全刑事案件适用法律若干问题的解释》，违反国家药品管理法规，未取得或者使用伪造、变造的药品经营许可证，非法经营药品，情节严重的，依照《刑法》第225条的以非法经营罪定罪处罚。另外，根据《药品管理法》，药品属于《刑法》第225条规定的专营、专卖物品，无《药品经营许可证》的不得经营药品，未取得或者使用伪造、变造药品经营许可证经营的行为属于无证经营行为，符合非法经营罪"违反国家规定，进行非法经营活动，扰乱市场秩序"的行为特征，应以非法经营罪追究刑事责任。简单地说，目前从刑法规范上已经能明确药品能成为非法经营罪的犯罪对象。

但我们不能因为刑法、司法解释上有了明确规定就认为惩治和防范非法倒卖药品的犯罪案件就水到渠成、万事大吉了。要看到的是最近几年，因为生产、销售假药犯罪作为重大民生类犯罪，威胁到了人民群众最根本的生命安全问题，若其泛滥成灾将造成极为严重的社会后果，所以，我国对其采取的刑事政策也处于不断地调整之中，在生产、销售假药犯罪构成模式的设置上根据惩治和防范相关犯罪的需要，走出了一条日益从严的途径，即从结果犯模式调整到危险犯模式，最后变更为目前的行为犯模式，将风险控制前移，通过强化惩治力度达到一般预防此类犯罪的效果。

从刑法规定及已有的司法案例所反映的情况看，国家目前在药品安全犯罪问题上所采取的刑事政策主要在药品市场正常监管秩序的维护和人民群众生命健康法益的保护上，对应的防范措施一方面是完善和强化对生产、销售假药、劣药这类破坏市场秩序行为的惩治，另一方面是将相关刑法保护提高到人民群众生命健康权益的保护层面，提高相关案件的处理工作的站位，着眼于将药品市场正常监管秩序与维护公共安全、保护人民生命健康法益三方面的价值统一和措施协调。2014年"两高"的《关于办理危害药品安全刑事案件适用法律若干问题的解释》对药品犯罪规定了职业禁止的规定，加强对此规定的适用，剥夺或限制该类犯罪分子再次从事药品方面的活动资格，强化监管责任，就是上述协调统一的具体体现。

从我们的办案实践和网络上收集到的案例及相关统计分析来看，我们在司法实践中对非法倒卖药品非法经营犯罪的处理还存在着一些薄弱环节，可以在立案侦查、起诉、审判监督过程中应加强对以下三方面的惩处力度：

一是强化对特殊类型药品非法倒卖案件的处置力度。按照"两高"《关于办理危害药品安全刑事案件适用法律若干问题的解释》的规定了一些特殊类型的假药，包括：以孕产妇、婴幼儿、儿童或者危重病人为主要使用对象的假药；属于麻醉药品、精神药品、医疗用毒性药品、放射性药品、避孕药品、血液制品、疫苗的假药；属于注射剂药品、急救药品的假药；医疗机构、医疗机构工作人员生产、销售假药；以及在自然灾害、事故灾难、公共卫生事件、社会安全事件等突发事件期间，生产、销售用于应对突发事件的假药。这几类假药的适用对象孱弱，或者因自身药性的特殊性，一经使用即造成难以挽回的后果，生产、销售此类假药的社会危害性要大于生产、销售其他假药的行为，因此司法解释规定对生产、销售这些类型的假药的要从重打击。我们要考虑到的是，如果上述领域中的药品被非法倒卖，虽然未必是假药，但如前所述，一些特殊药品有严格的保存和使用条件，非法买卖过程中不可能具备这些条件，一旦服用很可能会延误治疗甚至殃及生命安全。所以，基于对人民群众生命健康权高度负责的精神，今后司法机关在查处特殊领域中非法买卖假药的非法经营犯罪案件时，宜适当从严处置，加大依法惩治之力度。

二是强化对药品犯罪生产环节的治理力度。生产是销售的上游行为，每一个生产行为都对应着成百上千的销售行为，理论上它也应当为终端的销售行为负责，打击生产假药的行为对于从源头上控制假药流向具有釜底抽薪式的意义。随着非法进行药品倒卖的药贩子经济能力的提升，他们也可能通过各种渠道自己或者委托他人进行药品包装、储存，这其实已经是生产假药的一个环节，通过换上崭新包装进行售卖的假药对于那些亟待药物的病患更加具有欺骗性和诱惑性。检察机关在审查批捕、起诉销售假药犯罪案件过程中，应当注意深挖案件线索，会同公安机关通过立案监督等形式，促使公安机关进一步查找其假药的上游来源，同时通过要求法院严格缓刑适用、适用《刑法修正案（九）》新增设的职业禁止，依法打击生产假药及相关配套辅助行为。

三是强化对非法倒卖药品犯罪之共同犯罪的治理力度。药品犯罪案件一般犯罪环节较多，案情也较为复杂，实践中大多表现为复杂程度各异的共同犯罪。这其中不能排除一些药贩子利欲熏心，明知他人提供的是假药、劣药而收购牟利的；或者为其他药贩子提供生产经营场所、设备或者包装、印刷、运输、储存、保管、邮寄、网络销售、广告渠道等种种便利条件的。这些非法倒卖药品的帮助行为促进和刺激了相关非法经营犯罪的发生，产生了更大的社会危害性。对非法倒卖药品类非法经营犯罪的帮助犯依法有效惩治，可以有效遏制非法倒卖药品犯罪的高发趋势。

顾　文：在我国，相关司法解释规定的具体数额标准是作为定罪标准的重要依据，非法经营药品犯罪也不例外。《关于办理危害药品安全刑事案件适用法律若干问题的解释》中明确规定了定罪量刑标准，其中第7条第3款规定了非法经营数额、违法所得数额在10万元、5万元以上的应认定为"情节严重"，非法经营数额、违法所得数额在25万元、50万元以上（即"情节严重"数额标准的5倍）的应认定为"情节特别严重"。对于非法经营的具体数额认定，能够查清销售或者购买价格的，按照其销售或者购买的价格计算非法经营数额；无法查清销售或者购买价格的，按照零售价格计算。

我们同时还要看到，认定犯罪要坚持主客观统一标准，不能简单以数额标准一锤定音。至于非法经营药品犯罪的主观方面，也有一些需要值得注意的地方。第一，行为人是否依法取得药品经营资质。如果行为人未取得药品经营资质而销售药品，其主观上至少有逃避职能部门监管的故意。第二，是否知晓涉案药品的成分、效能。如行为人明知其所倒卖的药品中含有国家禁止添加的成分，或者倒卖药品针对病情危重人群、体质虚弱人群或重大疾病治疗，则行为人注意义务更高，因此也应当承担更重的刑事责任。第三，提供药品一方情况是否异常。若有人经常提供各类药品委托销售而牟利，非法倒卖药品者明知其有不法企图而不予考虑的，也应认定其有倒卖药品非法牟利的故意。第四，药品存储经营条件是否有保障。一般情况下非法倒卖药品者都只顾自身经济利益，不会购置昂贵的专业药品存储运输设备，对这样可能造成的人民群众生命健康权损害视而不见，至少应认定为存在损害病患生命健康法益的间接故意。第五，是否曾因药品类非法犯罪行为被刑事、行政处罚等。当然，由于推定本身并非用证据证明事实，有可能出现其他情况，因此收集证据还需要客观、全面，在证据运用时必须考虑行为人是否存在阻却上述明知推定的理由和证据。

三、如何有效预防医保基金诈骗、非法经营药品的犯罪行为

顾　文：请两位谈谈如何有效预防医保基金诈骗、非法经营药品的犯罪

行为？

张　婷：随着城镇医保扩面任务的不断完成，城镇医保参保人数不断增加，城镇医保的基金支出也不断增多，有些地方甚至出现了城镇医保基金"支大于收"的局面，城镇医保基金支出压力巨大。而城镇医保基金支出的欺诈行为会大大增加医保基金的不正常支出，导致医保基金收支不平衡，影响了医保基金的安全运行。加大城镇医保基金支出中的反欺诈力度，目的就是要减少城镇医保基金的违规支出，缓解基金支出压力，使医保基金流向更加需要的地方，从而使医保基金发挥保障全体参保人员基本医疗的作用。

首先要<u>强化参保人员的守法意识</u>。部分参保人员的法律意识淡薄，不知利用医保卡套现是违法行为，加之一次出借可以获取百余元"租借费"，"月租"则可获千余元，还可以获得以较高比例的药价返现，部分参保人员便积极出借。因此，要向广大参保人员说明这种行为的性质和危害，防止其因不知法或贪小利而触碰法律的红线。

周子简：要注重依法打击医保基金诈骗犯罪，检察机关可会同公安、卫生等部门，开展打击骗保专项行动。针对收购药品转销外地的行为，可采用大数据分析机制对药品流向的异常情况进行有效跟踪，掌握其销售来源、资金流向、药品去向等详细数据信息，及时批捕、起诉和审判非法经营药品的犯罪分子。同时，检察机关还要注重发掘药品经营行政监管的机制漏洞，通过制发检察建议等方式，建议相关行政主管部门强化监管措施。具体而言，我们认为检察机关应从以下三方面加强措施推进：

<u>一是建立规范而科学的医保基金信息监管平台</u>。社会医疗保险的运行是一套复杂系统，不但运行程序庞杂，而且各种数据信息量巨大，单靠发挥监管人员积极性、使用计算机简单的搜索浏览寻找违规问题不是长久之计，利用最新的大数据信息技术建立全方位、多层级的网络监管系统是不二选择。其主攻方向应该是建立基于电子病历的医疗质量和医保费用监管模式，这样一方面方便患者，实现跨医院诊疗信息共享后不必重复检查，提升诊疗效率，更主要的一个方面是医保管理机构则可基于此平台定期或不定期收集、核对医保基金数据，及时发现已经存在的问题从而及时采取措施应对可能发生的医保基金管理危机。

二是健全医保反诈骗异地协查机制。由于我国管理体制等诸多因素的限制，可以先在一个省级辖区内建立异地就医协查制度，然后在长三角、珠三角、环渤海、东三省等区域进行扩大试点，待实践成熟后再在全国内推开。根据当前实际，检察机关应督促医疗保险管理机构通过上述大数据监管平台，完善异地就医管理制度及经办流程，督促参保地经办机构落实参保者异地就医登记备案工作，就医地经办机构不仅要将异地就医者纳入本地化管理，还要将异地就医费用纳入就医地监控审核重点事项范围。同时，要着眼源头预防，尝试建立较为完善的异地就医结算系统，推进异地就医直接结算，并逐步将各类情况的异地就医者纳入直接结算范围，一方面也是为了方便这些异地就医的患者，减少其事先垫资和事后报销的烦琐，以利于其休养生息，另一方面也是从根本上遏制用虚假纸质票据骗取医保基金的行为。最后还要加强健全医疗机构协议管理和异地协作协查机制，在确保信息真实准确的基础上，就医地医保行政部门、经办机构应支持配合参保地相应部门、机构开展异地就医核查或者案件调查。

三是完善多部门医保反诈骗执法协作机制。检察机关应推动医保管理机构、公安、审计、财政、卫生、药监等部门执法协作机制和联席会议机制，在各司其职的基础上形成对医保违规行为的监管合力。要落实案情通报和信息共享，对于违法违规行为，要坚持查清案件事实、程序运行规范、处置依法得当。要落实医保基金行政监管与刑事司法规范有效衔接，对于涉嫌犯罪的及时移送公安机关，不得以行政处罚代替刑事处罚。

顾 文：我认为，医疗机构作为专业机构，应当及时地察觉和遏制医保资金的异常使用情况，对参保人员医保卡使用、开配药需求加强把关力度，对异常的医保卡使用、开配药行为提高警惕。医疗卫生主管部门可以利用医保费用监控预警和数据分析平台，监督医疗机构开配药的数量和参保人员医疗卡的使用情况，构建事前信息提示、事中监控预警和事后责任追溯的监控格局。还可以适时启动医保监督管理办法修订工作。我市现行的医保监督管理办法于2011年制定并实施，相关部门可结合工作实际，在调研、评估的基础上，对其进行修订，为加强医保信息监管工作提供有力的法律支撑。

还应当看到的是：目前，建立长三角经济区作为国家战略正在如火如荼推进中。上海检察机关也要在医保基金规范管理这一重大民生实事项目中发挥应有作用，其着力点就在于建立不同辖区医保经办机构的合作机制。不同统筹区医保经办机构的合作，不仅要加强书面文本，更要注重医保反欺诈异地协查机制的落实。就上海市而言，检察机关应监督督促医疗卫生、财政行政主管部门牵头，让本市医保经办机构先与长三角其他三省的医保经办机构建立医保反欺诈异地协查机制及相应配套规范，当发现可疑欺诈的异地医疗费用手工报销材料时，可在这些涉嫌造假材料的源头地区医保经办机构的配合下，通过传真委托、电子邮件的方式由当地医保经办机构依法依规调查处置；对于已持卡直接结算的联网异地医疗费用，可以委托就医所在地的医保经办机构代为审查检验，若发现其中确属存在医保欺诈，即可委托后者行处理，力争早日在长三角三省一市范围内实现针对各类异地就医参保人报销和相关医疗机构的诊疗行为的深入、有效、规范的全流程管理。

网络平台岂可随意"薅羊毛"
——网络平台虚构事实骗取数额较大财物的行为如何定性

- 时　　间：2018 年 6 月 15 日
- 地　　点：上海市普陀区人民检察院
- 嘉　　宾：梁方军　上海市普陀区人民检察院检察官
  　　　　　胡敏颖　上海市普陀区人民检察院检察官
  　　　　　苏　坤　上海市普陀区人民检察院检察官
- 召 集 人：顾晓军　上海市普陀区人民检察院副检察长
- 文稿整理：唐思芸　李碧辉

【研讨案例】

案例一： 2015年，某网约车平台注册登记司机董某、谈某、高某、宋某分别用购买、租赁未实名登记的手机号注册网约车乘客端，并在乘客端账户内预充打车费一二十元。随后，他们各自虚构用车订单，并用本人或其实际控制的其他司机端账户接单，发起较短距离用车需求，后又故意变更目的地延长乘车距离，致使应付车费大幅提高。由于乘客端账户预存打车费较少，无法支付全额车费。网约车公司为提升市场占有率，按照内部规定，在这种情况下由公司垫付车费，同样给予司机承接订单的补贴。四被告人采用这一手段，分别非法获取网约车公司垫付车费及公司给予司机承接订单的补贴。董某获取40664.94元，谈某获取14211.99元，高某获取38943.01元，宋某获取6627.43元。

普陀检察院以被告人董某等四人犯诈骗罪提起公诉。普陀法院采纳指控意见，鉴于四被告人到案后能如实供述自己的罪行，依法可从轻处罚，四被告人家属均已代为全额退赔赃款，可酌情从轻处罚，分别判处被告人董某等4人有期徒刑8个月至1年，并处罚金各人民币1000元；四被告人所得赃款依法发还被害单位。一审宣判后，四被告人未上诉，判决已生效。

案例二： 2015年5月至10月间，被告人袁某在其经营的淘宝网店上售卖"饿了么"APP内首单优惠补贴资格。其通过租赁的手机号码和自行注册的电子邮箱批量注册"饿了么"网络送餐平台的新会员账户后，利用电脑安卓模拟器（模拟手机硬件/模拟手机镜像），规避"饿了么"送餐平台的后台识别，非法获取该平台新用户首单5元至20元不等的优惠补贴资格，并以1元至4.5元不等的价格进行售卖。截至案发，共计造成被害单位"饿了么"平台运营公司拉扎斯网络科技（上海）有限公司实际损失人民币9.8万余元。

普陀检察院以被告人袁某犯诈骗罪提起公诉。普陀法院采纳指控意见，鉴于被告人系自首，依法可减轻处罚，其家属代为全额退赔赃款，可酌情从轻处罚，以诈骗罪判处被告人袁某有期徒刑2年，缓刑2年，并处罚金人民币8000元。一审宣判后，被告人未上诉，判决已生效。

案例三： 2016年5月至10月间，被告人薛某被上海羽巢酒店管理有限公司（王巢微五星酒店经营者）辞退后，多次虚构住客身份在"携程网"预定王巢微五星酒店客房，再登录其掌握的该酒店的审核网上订单的账号对虚假订房订单予以确认，使"携程网"后台相信有真实入住。被告人薛某以此手法骗取"携程网"返现奖励共计人民币38000余元。

普陀检察院以被告人薛某犯诈骗罪提起公诉。普陀区法院采纳指控意见，鉴于被告人薛某到案后能够如实供述自己的犯罪事实，且其家属已代为退赔了赃款，依法可以从轻处罚，判处其有期徒刑1年，并处罚金人民币2000元。一审宣判后，被告人未上诉，判决已生效。

一、利用网络平台虚构事实骗取数额较大财物的行为如何定性

顾晓军： 当前，网络约车、网络订餐、网络订房等互联网经济新形态发展迅速。一些互联网公司为抢占市场，以提供订单补贴、首单优惠、奖励返现等形式吸引客户，一些不法分子采取违法手段，骗取互联网公司给予的补贴、返现等，数额较大的，这种行为怎么认定呢？上述三个案例就是近年来我院办理的典型的涉网络平台新类型案件，今天，我们将围绕"针对网络平台虚构事实骗取数额较大财物的行为如何定性"这一主题，进行交流研讨。首先，就关于网络平台采用自我交易、虚构提供服务的事实，或者使用伪造、虚假的电子信息、程序等，获取不正当财产性利益的这种行为性质，请检察官来谈谈自己的看法。

梁方军： 网上对这类案件已经有相关报道和评论，这类案件定性的争议也很大，有些人认为平台使用者和平台开发运营企业之间是签有协议的，互相之间明确约定了双方的权利义务，尤其是关于平台的补贴，也就是只要平台使用者满足获得补贴奖励的条件，就可以按照约定获得利益，那么在实际履行合同的过程中采取了违约欺诈的情况，则理解为他们对于双方合同关系

的违背，而且平台开发运营者在实践中可以通过扣发补贴款，甚至是冻结账户等方法来维护自己的权益，因此该观点认为这种行为仅仅属于民事违约的范畴。但我们受理了这个案件以后，经过审理认为，他们这种行为就是通过自我或者熟人交易，账户完全由自己控制或者由熟识关联人扮演乘客和司机或者平台服务的客户等模式，在根本没有产生实际服务的情况下，骗取本不应该得到的奖励和补贴，应该认定为诈骗罪。

胡敏颖：我认为案例一应当定为合同诈骗罪。合同诈骗从诈骗中分离出来以后，与传统的普通诈骗罪最大的区别在于两个方面。一是行为利用合同，这个合同有可能是书面的，也有可能是口头的。二是必须在经济往来过程中。之所以把合同诈骗从普通诈骗中分离出来，就是因为他们侵害的社会关系是不同的，普通诈骗罪在刑法侵害财产权这个章节中，合同诈骗罪则是在破坏市场经济秩序这个章节

中，他们侵犯的客体不同，表现形式不同。案例一中，行为人自己发单并且自己接单，发单和接单就是合同产生的过程，骗取返利奖励是典型的合同诈骗行为。总之我认为，合同诈骗罪和诈骗罪最大的区别，就是合同诈骗罪是在经济往来过程中利用合同去实施诈骗的行为。关于案例二和案例三，我认为行为人是利用平台程序漏洞，虚构事实骗取补贴，应定性为诈骗罪。

苏　坤："两高"《关于办理妨害信用卡管理刑事案件具体应用法律若干问题的解释》第5条第2款规定，《刑法》第196条第1款第3项所称"冒用他人信用卡"包括"窃取、收买、骗取或者以其他非法方式获取他人信用卡信息资料，并通过互联网、通讯终端等使用的"情形，即网络平台可以成为诈骗的对象。上述案例中，行为人以非法占有为目的，或通过网约车平台与网约车公司进行交流，发出虚构的用车需求，使网约车公司误认为是符合

143

公司补贴规则的订单，基于错误认识，给予行为人垫付车费及订单补贴；或者使用伪造、虚假的电子信息、程序等，逃避审核，使网络订餐、订房平台误以为是符合首单优惠、奖励返现的订单，基于错误认识，给予优惠或者返现。所以，我认为这些行为符合诈骗罪的特征，应认定为诈骗行为。

二、网络平台系统是否存在被骗问题

顾晓军： 各位检察官都倾向于将这种用自我交易或者使用伪造、虚假的电子信息、程序等获取不正当财产性利益的行为认定为诈骗行为。但值得注意的是，行为人通过这种方式获取不正当利益的对象是网络平台系统，是网络平台系统自动根据指令所作出的回应，而非人为操控。这种系统相当于一个智能机器人，不同于一般的自然人。这就涉及网络平台系统这一种智能系统存不存在被骗的问题，系统自己基于指令而做出的处分行为是否代表被害公司基于错误认识而作出的处分行为？

梁方军： 关于"机器能否被骗"的问题，无论是实务界还是理论界都有很大的争议。张明楷教授的观点是"机器不能成为被骗的对象"，并且国内通说都是认可的。但是张明楷这种理论的来源是日本刑法理论，在日本刑法中确实机器是不能被骗的，因为，日本刑法中的诈骗罪，仅仅只是针对自然人或者单位的，日本刑法专门设有一个罪名诈骗机器。在日本，诈骗自然人与机器是分开的，诈骗罪不包括诈骗机器的行为，但实际上，机器是能够被骗的，诈骗机器有一个独立的罪名给予评判。在我国只有诈骗罪的罪名设定下，很难论证机器不能成为诈骗罪的对象。另外，这几个案例中涉及的对象是网络平台系统，是一种智能软件，不同于传统意义上的取款机等类似机器，具有的明显特点是人工智能，人工智能的设计初衷本质上就是为了代表人们意思，网络平台系统的行为应当视为网络平台的所有者或设计者陷于错误而处分财物。

胡敏颖：我认为网络平台系统或者说是机器对财物是没有所有权的，而是人借助机器控制着财物。机器只是人手里的工具，最终还是人对财物的控制和占有，钱是在平台里的，受平台控制，平台不被破解密码的话，钱一直在平台里很安全。就算行为人破解了平台，但平台里所有的钱都是属于实际运营公司的，是实际运营公司对这些财物具有占有状态，就为犯罪性质的认定提供了思路。财产控制关系已经很明确，在整个行为过程，行为人通过什么方式获取这个财物才是最为关键的。三个案例中，行为人对于财产的非法占有目的最终的实现，无论是自我交易还是使用伪造的电子信息，主要的方式都是虚构事实来侵害网络公司的，并且主观上是侵财的目的，所以应该定诈骗罪。

苏　坤：实践中诈骗罪通常与盗窃罪作区分，这三个案例也主要是定诈骗还是盗窃的问题。其实，"两高"《关于办理妨害信用卡管理刑事案件具体应用法律若干问题的解释》的规定，明确了纷争已久的"机器能否被骗"问题，该解释的精神应当适用于所有使用伪造、虚假的电子信息、程序等获取不正当利益的情形。区分诈骗与盗窃，盗窃都是以秘密窃取的方式来获得，这些案件中行为人的手法跟我们原来传统的偷水或偷电类型案件不一样。他是使用一种虚构的软件，或者修改软件，正是基于此，这种行为获取财物的方式都是完全公开的，很难说是秘密窃取。而诈骗要求虚构事实，使对方基于错误认识而处分财物，我认为<mark>诈骗与盗窃的关键区别在于有无被害人处分财产，处分财产最客观的表现形式就是存在被害人支付行为</mark>，诈骗罪是基于被害人被骗而交付财物，而盗窃罪一般情况下不存在交付的情况，只是秘密窃取。而案件中都存在虚构程序信息与利用虚构的信息向平台索要优惠的行为，真正获得财产的手段是通过交易的方式，是被害公司设置的网络平台系统误认为存在信息正确而进行的交易。这样的行为本质上就应该是诈骗。

三、网络平台的优惠补贴资格能否成为诈骗罪的对象

顾晓军：可以肯定地说，行为人针对网络平台使用伪造、虚假的电子信息、程序等获取不正当财产性利益，其行为本身就是欺诈行为。若要涉及诈

骗罪，在犯罪构成要件上还存在一个问题，就是在犯罪对象的认识上，网络平台的这种补贴、返现等优惠措施到底能不能成为诈骗罪的对象，也请我们检察官来解读下。

梁方军： 根据我国刑法规定，诈骗罪的行为对象是公私财物，理论与实践中基本达成一致，认为诈骗罪的行为对象当然包括财产性利益。纵观域外法律规定，德国刑法典普通诈骗和计算机诈骗均包括财产性利益，日本刑法典中与诈骗相关联罪名的构成要件中也包含了财产上不法利益，德日刑法理论认为诈骗罪是包括财产性利益的，这一结论的提出源于刑法典对诈骗罪的相关立法规定。我国刑法典仅有一个诈骗罪对象公私财物的立法规定，但基于国民预测可能性，将诈骗罪的对象涵盖财产性利益符合罪刑法定原则的扩张解释。

这类案件的争议焦点在于补贴、返现优惠等资格能否成为诈骗罪的对象，简单来说，就是获得优惠的资格是否涵摄于财产性利益之中。财产性利益是指普通财物以外的财产上的利益，包括积极财产的增加与消极财产的减少。前者如使他人负担债务，换言之，使自己享有债权请求权。后者如使他人免除自己的债务，或者使债务得以延期履行，即允许他人获得抗辩权。债权行为具有相对性，法律关系发生于双方之间，这几个案件中，网络公司提供的优惠补贴是为了吸引新客户群体，是需要用户实际履行订单或者是首单才享有的一种优惠资格，这种优惠资格是能对抗部分债权请求权的抗辩权。所以，**优惠补贴资格在性质上是财产权的债权，属于财产性利益。**

胡敏颖： 网络平台向消费者提供的优惠补贴、奖励返现等，免除了消费者应支付的部分债务，系实际的财产性利益，可以作为诈骗罪的犯罪对象。根据有关规定，**财产性利益可以成为诈骗罪的对象。** 上述案例中，优惠、补贴、返现资格等作为消费者获得对应财产性利益的"凭证"，具有"见证即付"的特征，即只要完成订单或首次下单消费，就可以按照网络平台的规定获得补贴、优惠或者返现，直接可以折算成现实的货币利益，故可以认定为诈骗罪等侵财类犯罪的对象。

苏坤： 我国《刑法》第210条第2款对骗取增值税等发票作出了规定，使用欺骗手段骗取增值税专用发票或者可以用于骗取出口退税、抵扣税款的网络平台岂可随意"薅羊毛"

其他发票的,依照《刑法》第266条规定的诈骗罪处罚。2014年关于诈骗罪的立法解释中规定,以欺诈、伪造证明材料或者其他手段骗取养老、医疗、工伤、失业、生育等社会保险金或者其他社会保障待遇的,属于《刑法》第266条规定的诈骗公私财物的行为。可见,我国法律承认了发票、保险等财产性利益可以作为诈骗罪的对象,特别是保险其实也是一种资格。所以,案件中提到的首单优惠资格、补贴返现资格认定为诈骗罪的犯罪对象是没有问题的。

四、犯罪数额如何认定

顾晓军: 这三起案件中,行为人符合诈骗罪的构成要件,且数额较大,宜定诈骗罪。那么对这种财产性利益获得与使用依赖于特定的身份信息认证的情形,其犯罪金额的认定,值得我们探讨。

梁方军: 关于犯罪数额方面,目前,此类案件中刷单方式多种多样,有的骗取补贴,有的骗取返利,有的骗取优惠券,我们认为,为了与诈骗案件认定原则相应一致,体现诈骗行为所侵犯的现实危害,应当以互联网平台公司实际损失作为犯罪数额认定的标准。比如案例二中,犯罪嫌疑人实际获利确实不多,骗取的优惠券销售价格只有三四块钱,如果单纯以他获利的两三块钱一张优惠券的利润来作为犯罪金额,不足以体现犯罪对于社会的危害,也不利于对被害互联网公司的保护。并且有司法解释可以参照,2013年4月2日"两高"《关于办理盗窃刑事案件适用法律若干问题的解释》第5条第1款第2项"盗窃记名的有价支付凭证、有价证券、有价票证,已经兑现的,按照兑现部分的财物价值计算盗窃数额"的规定,以被害人的实际损失(即被害人实际支出的金额)计算。

胡敏颖: 财产型犯罪以非法占有为目的,对非法占有为目的的理解,是我们最后定以实际遭受损失还是以犯罪嫌疑人实际所得为犯罪数额的根据。上述案例中,犯罪嫌疑人的目的是骗取返利、奖励,犯罪嫌疑人的非法占有是对整个返利的占有,获利的途径有很多,包括送人,包括自己使用,如果以犯罪嫌疑人获利为标准,就无法计算,没有标准。所以,我认为还是应该以被害人最后的损失作为犯罪数额,这对于以非法占有为目的的犯罪动机来

147

说，是可以理解的，同时，在犯罪数额的计算上是可以把握的。

苏　坤：与传统诈骗犯罪不同，利用O2O网络平台实施的诈骗案件多涉及诈骗者、网络平台、消费者、商家等多方主体，被害人（单位）的实际损失数额与被告人的实际获利数额也常常不一致。如被告人袁烨诈骗案中，"饿了么"平台兑现的首单优惠（"饿了么"直接给到线下商户）数额为98000余元，但被告人的实际获利额为50000余元；被告人薛敏诈骗案中，"携程网"的返现额为38000余元，但王巢微五星酒店基于民事合同关系支付给"携程网"的返点为49000余元。我认为应当以被侵害人实际损失的财产作为犯罪数额，至于侵害者本人获利多少不重要，因为，侵害人为了利益实现，是要把利益让渡一部分的，就像盗窃犯在盗窃后，他并不需要财物，他要的是现金，所以在销赃过程中会贱卖，典型的案件就是偷手机，一个苹果手机可能卖500元，如果只认定其变现部分为犯罪数额，而对其在实现利益中让渡出的那部分不予认定，这是没有依据和理由的。

五、网络平台犯罪中共同犯罪的责任如何认定

顾晓军：针对网络平台的犯罪往往很难一个人全部完成所有的行为，想要侵入网络平台系统虚构事实，一般还会涉及有人提供辅助信息，内外勾结等，甚至有些已经形成团伙犯罪，关于网络平台犯罪中共同犯罪的责任认定问题，请我们检察官来分享下各自的看法。

梁方军：现在的刷单行为引发一系列违法行为，这些犯罪模式已经初步形成链条化、产业化的特征，比如有传授刷单方法的，提供刷单软件的，还有出租出售注册大量手机号码及提供语音短信验证服务的，这些人的行为应当如何认定存在困惑。"两高"《关于办理诈骗刑事案件具体应用法律若干问题的解释》中讲得比较明确，要明知实施诈骗犯罪为其提供信用卡、通讯工具等可以以共同犯罪论处，上述案例中虽然我们接触了这些对象，但是，根据对犯罪嫌疑人的讯问，提供上述服务的人员主观上一般就是赚钱就行，至于服务是用来干什么的，他们是不闻不问的，目前，没有证据证实这些提供服务的人员和刷单诈骗人员之间有具体的明确的犯罪联络和沟通，所以，我

网络平台岂可随意"薅羊毛"

们认为难以作为刷单诈骗的共同犯罪考虑。我们考虑是不是可以传授犯罪方法定罪，当然，这个罪名实践中用得比较少，还有《刑法修正案（九）》中提到非法利用信息网络和帮助信息网络犯罪活动等罪名，当然，这些新罪名目前实践中还没有，我们也是提出一个设想。

胡敏颖：犯罪结果的产生是有很多环节的，比如案例中的优惠券可以在淘宝网上大量售卖，还有上网租赁的大量手机号码。我们要搞清楚这些租赁大量手机号码的行为目的是什么，比如他的这种行为的存在对于通信联络等根本没有起便利作用，只是为了犯罪而存在的话，我们还是可以考虑作为共同犯罪予以打击。再比如淘宝网上大家都知道这个优惠券是 15 元的，你卖 1 元，这显然是存在问题的，就算不是共同犯罪，那也是一种不正常的行为，就像收赃以后贩卖的情况，一块十几万元的手表卖一两千元，或者五六千元的手机卖五百元，可以推定他主观上是故意的，所以，搞清楚这些网络使用者比如淘宝卖家的权利义务是很有必要的，这样才能在以后的行政处罚和刑事处理中有所依据，如果没有搞清楚这些权利义务，那么在处理中确实比较困难，比如淘宝网卖家有没有甄别的义务，再比如网络上这些大量租赁虚拟手机号码行为的意义和价值是什么。

苏　坤：在司法办案实践中，更多的还是"故意"的确定问题，这里的犯罪故意的确认，故意应该到什么程度，是到一个具体的犯罪还是到一个概括的犯罪？知道我要去实施具体某项诈骗而提供帮助和知道我要去骗人而提供帮助，两者的主观上有区别吗？我觉得没有大的本质上的区别。现在越来越多的司法解释中，往往规定某情况下是共犯，对于这样条款的出现，往往都是点到明知实施什么犯罪，比如诈骗犯罪司法解释就是明知实施诈骗犯罪而提供帮助，按照法条这类行为作为共犯本来就是没有异议的，本身就是现成的共犯。司法解释在规定的时候就规定了类罪名，明知我要去诈骗你还提供帮助，尽管你不知道我骗谁，不符合传统意义上的共犯，但通过司法解释，拟制他为共犯，所以我们在实践中有时对这些司法解释的理解可以是概括的。在这个层面上我们探讨现在新增的《刑法修正案（九）》中设立的第 287 条之二，明知对方犯罪提供帮助，但它是独立成罪。按照这样的理解就形成目前整个刑法的定罪中，<u>如果明确某一具体犯罪的，本来就是自然的共犯，如果</u>

149

明知实施某一类犯罪的，但并不具体明确实施犯罪，那属于司法解释拟制的共犯，如果连这类都不具备，哪一类犯罪都不太明确，那就独立成罪。那么，在这里的案例中，对明知是诈骗犯罪而提供帮助的作为共犯，是否要求其明确知道诈骗犯罪事实这一条件，我们认为是可以放宽的。

六、如何处理互联网犯罪问题

顾晓军： 我们检察官很好地分析了这几个案例，解读了背后存在的法理，发散性地探讨了针对网络平台虚构事实骗取财物行为的数额问题、共犯问题。其实，这类案件只是网络犯罪案件中的一小部分，互联网犯罪中新类型案件层出不穷，对于我们检察官也是不小的考验。今天借这个机会，我们也请这几位检察官对监督、打击处理针对互联网的犯罪问题来谈谈认识与看法。

梁方军： 我记得2016年9月9日"两高一部"颁布实施了《关于办理刑事案件收集提取和审查判断电子数据若干问题的规定》，对于刑事诉讼中电子数据的收集、提取、审查、认定等行为予以了规范，给予我们很多启发与帮助。过去在办理类似案件的时候对于电子数据的采集、固定，我们更多的是靠犯罪嫌疑人或者相关人员的证言，或者简单地打印出来并要求签字。公安机关在侦查过程当中这方面的收集意识不强，这就要求我们有更大的关注和重视。与电脑网络犯罪相关的案件，涉及程序的问题较实体问题更为复杂，因为，对于这些软件或者计算机系统的相关问题以及相关证据的收集、固定、鉴定、分析等确实是一个很专业的问题，而且，包括对于这些证据收集完毕以后，对于收集的证据进行定性，认定为哪类证据都是存在难度的，这就需要我们以后在司法实践中不断总结研究。针对这类案件或者涉及电子证据的，我们办理的案件中应当要有越来越多的专家和鉴定者出庭对这些证据进行说明。

另外，对于网络公司这块也应当加强自身的管理，我们近几年办理了多起涉及网络公司的案件，包括滴滴专车、饿了么、这次是一嗨租车，还有就是比如网络游戏公司波克城市的捕鱼游戏的破坏计算机信息系统案等一批区内知名网络公司案件，通过办理这些案件和相关公司建立对接和指导，帮助相关企业完善自身风险防控体系等。

胡敏颖：我也办过不少互联网犯罪案件，从我的经验来看，我们可以从打击与预防两个方面来应对。一方面是从公诉打击犯罪的角度上来考虑，怎样提高对于在信息化条件下特殊的犯罪形式和犯罪手段的认识，提高我们指控的准确性。对这类犯罪的处理上，我们确实需要，首先，跟我们法学专家研讨，其次，需要跟专业单位来研究。因为这类犯罪不但比较新颖，而且极具专业性，只有辨析出互联网上存在的各种"行为"，进行法律评价，这样更容易熟悉和掌握犯罪原理，对于我们正确适用法律是有意义的。

另一方面，法律是滞后的，仅仅从立法角度上来预防这类犯罪，可能是力所不能及的。这就需要我们实务部门担负起责任。从司法角度上要通过对这类犯罪准确的打击从而能够让我们的相关企业和相关单位了解有关情况并及时予以弥补和修复。从技术角度上可以请专业的公司来给予预防，但从法律角度上来说，我们要提出怎样的建议，可能是有难度。我们检察官能真正帮助企业的，主要是通过对既有案件的处理给大家做一个提示，让大家做到亡羊补牢。

苏 坤：现在网络发展日新月异，出现许多新兴的计算机犯罪，这些犯罪无论是在事实认定、证据收集还是法律适用上，都与传统犯罪表现出差异性，并且随着新兴的科学技术的发展，还会随时出现新情况。在涉及计算机犯罪方面，我们检察机关对其打击当然义不容辞，但这种案件并不应该严打，涉及网络犯罪的犯罪分子一般智商相对较高，不同于一般自然犯罪的无业游民，他们很多是被利益冲昏了头脑，甚至会有炫耀自己技术的，对于这一部分犯罪分子，我们应该综合考虑他的社会危害性，行为人能够用他们所掌握的知识来将功补罪的，应该在量刑上加以考虑，这样反而能更好地预防计算机犯罪和维护计算机系统和网络安全。当然，我们的前提肯定是要打击，要严格依法办事，这个立场是不变的，但在打击的同时，让他们立功从而发现更多的问题，继而能化解更多的问题，既能弥补网络科学技术漏洞，服务经济发展，也能节约司法成本，缓和社会关系，这也是恢复性司法所要求的。

顾晓军：我们通过办案在很多时候遇到和发现了新的问题，就比如说互联网新类型案件，同时，我们也会有大量的案件处理最终结果，把这些类似的集中形成一个基本做法，然后，利用大数据时代总结出一套理论，再来为今后的实践服务。犯罪手段和方法可以利用网络新科技，我们打击犯罪的办案手段同样也可以利用新科技，这就是新时代给我们带来的机遇与挑战。我想今天的沙龙对我们今后办案，特别是对认定网络犯罪中的行为性质，进而准确适用法律具有启发性的意义的。

认罪认罚后还可以反悔吗
——被告人认罪认罚后又无故上诉的检察应对

时　　间：2019 年 5 月 13 日
地　　点：上海市宝山区人民检察院
嘉　　宾：张　栋　华东政法大学教授、博士生导师
　　　　　肖　亮　上海市人民检察院第二分院检察官
　　　　　戚永福　上海市人民检察院检察官
　　　　　陈怡怡　上海市宝山区人民检察院检察官
　　　　　徐旸彪　上海市宝山区人民检察院检察官
　　　　　朱佳琳　上海市宝山区人民检察院检察官
　　　　　孙丽娟　上海市宝山区人民检察院检察官
　　　　　陈丽莉　上海市宝山区人民检察院检察官
　　　　　张应林　上海市宝山区人民检察院检察官
　　　　　樊　冰　上海市宝山区人民检察院检察官
召 集 人：江静良　上海市宝山区人民检察院副检察长
文稿整理：王端端　祁　堃　周　欣

【研讨案例】 2018年9月，某区检察院审查起诉姜某贩卖毒品案。鉴于姜某在侦查、审查起诉阶段都能如实供述自己的犯罪事实，某区检察院依法决定对其适用认罪认罚从宽制度，并告知姜某相关内容及权利义务，姜某表示没有异议。据此，该院向法院提出了对姜某减轻处罚的量刑建议，并获得一审法院的支持以贩卖毒品罪依法判处姜某有期徒刑9个月，并处罚金2000元。判决后，姜某想通过"上诉不加刑"的方式来赌一把，遂以量刑过重为由向市中级法院提起上诉。某区检察院认为，在证据没有发生任何变化的情况下，姜某属于以认罪认罚形式换取较轻刑罚、再利用"上诉不加刑"原则提起上诉，认罪动机不纯，一审时适用的认罪认罚从宽制度不应再适用，应对其处以更重的刑罚，遂依法提出抗诉。市检察院支持抗诉，并提出1年零3个月至1年零6个月的量刑建议。市中级法院经过审理认为，上诉人姜某仅以量刑过重为由提起上诉，又没有提供新的证据，属于认罪但不认罚，已不符合适用认罪认罚从宽处理的条件，检察机关的抗诉意见有理，应予以采纳，遂对本案公开宣判，以贩卖毒品罪依法判处姜某有期徒刑1年零3个月，并处罚金1万元。

江静良：今天我们围绕被告人认罪认罚后又"无理"上诉的案件，就如何理解认罪认罚从宽制度、认罪认罚案件中被告人的上诉权和检察机关的抗诉权等问题进行探讨。

一、认罪认罚从宽制度的出台背景

肖　亮：在讨论这些实质性问题之前，我们要考虑一个前提，就是我们国家的认罪认罚从宽制度到底是什么，它的出台背景是什么？张军检察长反复强调说检察院要在整个刑事诉讼过程当中发挥主导作用，认罪认罚案件实际

认罪认罚后还可以反悔吗

上是检察院在刑事诉讼过程中主导权体现得最充分的一块"蛋糕",我们认罪认罚案件整体的适用率必须要大幅度提高。第二个背景点,我国认罪认罚从宽制度与美国辩诉交易,这两者在某些价值上是有一些共通性的,都是为了解决一些非常棘手和现实的问题,以这样一个背景为基础,就能更好理解该项制度。

戚永福: 对于认罪认罚从宽制度,我觉得表面上好像是为了解决人案矛盾的问题,但逻辑上是根植于整个刑事诉讼改革的,是与以审判为中心的诉讼改革相配套的,所以我们今天讨论的这些动机、上诉权都带有一些价值取向,可能跟这个背景有很大的关系。

二、被告人的动机与认识对适用认罪认罚从宽制度的影响

陈怡怡: 我认为犯罪嫌疑人、被告人认罪的主观动机不影响对其认罪认罚的认定,但他对认罚的幅度的理解必须要和公诉人一致。认罪动机这个东西是非常主观的,隐藏于人的内心。最理想的是他出于内心真诚的悔过来认罪,但总的来说,在实践层面上,无须也无法挖掘他内心是不是真的认罪认罚,这样就需要可视的、可量化的、具有可操作性的外在的载体来评价、来判断是否可以适用认罪认罚从宽制度。比如在嫌疑人对犯罪事实没有辩解的前提下,值班律师或辩护人也在场,检察官明确告诉他是这样的一个量刑区间,他自愿签署了具结书,形式要件就符合了,就应该认可他认罪的动机了。至于他对认罚的理解,我的观点是他必须要与公诉人提出的幅度是一致的。公诉人明确告诉他了,量刑3年或者3年到3年半,开完庭他说这个量刑太重了,这个是不可以的。

155

徐旸彪：我的观点跟陈怡怡稍有区别。犯罪嫌疑人的动机确实是不影响认罪认罚成立的，但对于量刑幅度是否要跟公诉人的理解一致，我觉得这并不能苛责。在涉及多人的案件里，有一些当事人在开庭的时候，关注同案犯判了多少，如果他发现他跟同案犯判的是一样的，那他可能接受不了。这种情况下，如果要求一定相符的话，那我们检察机关是不是一定要对他详细解释他的同案犯的量刑情况？在单个人犯罪的案件中，对检察机关有这么高的要求也许可以，但多人的案件里肯定不行。我们跟西方的辩诉交易不一样，我觉得被告人对认罚不需要服从于公诉人的理解。

朱佳琳：被告人对认罪认罚的理解与公诉人的理解，我觉得不是一个服从或者不服从的关系，而是应该使我们的理解与最高检、最高法规定相统一，然后准确地向犯罪嫌疑人输出这种理解。另外，刚才徐旸彪讲到了同案犯之间由于量刑不一致，导致有些同案犯对认罪认罚有顾虑的问题。我们以后在开展认罪认罚工作、签具结书的时候，要明确告知犯罪嫌疑人不适用认罪认罚情况下的量刑标准和适用认罪

认罚从宽制度后，我们可能给他的从宽幅度，我觉得会有效地减少被告人的上诉率。如果我们今天沙龙结论确定，我们是不是可以在工作中对犯罪嫌疑人讲明，如果认罪认罚后又上诉了，会面临检察院抗诉的风险？我觉得这个告知是非常有必要的。

孙丽娟：我认为被告人对认罪认罚的理解一般还是要服从于公诉人的理解，但是两者之间有些偏差也是可以的。这个偏差主要还是在量刑，对于犯罪嫌疑人来说，他们更关心的是

什么时候能从监狱里出去,通过认罪认罚是不是能够有一个非监禁刑的处罚,或者是能不能有一个不予起诉的结果,事实上在这一点上,他跟公诉人的理解是有偏差的。提审时对犯罪嫌疑人关于量刑是如何决定的解释是不够的,如果以后有这方面的规定或要求,我们就能够对他说,如果你在公安机关认罪的话,我们可以给你 30% 的从轻幅度,在检察机关认罪的,我们给你 20%,在法院认罪的,给你 10%,那如果将来你在法庭上翻供的话,那么前面的这些就通通都没有了,原先定的是多少就是多少,这样的话,可能会减少犯罪嫌疑人与公诉人在认罪认罚理解上的偏差。

陈丽莉: 以后期上诉来认定被告人前期动机不纯,我认为是不太严谨的。我认为,认罪认罚从宽制度从根本上来说就是双方签订一个协议,如果在其中一方撕毁协议的情况下,我们更应该考虑的是,这个协议现在不存在了,那我们应该怎样救济,还有之后这个程序重新构建的问题,而不是去讨论很难认定的动机问题。刚刚丽娟说,我们在适用认罪认罚从宽制度办理案件的时候,向被告人解释整个量刑的

过程,但是这个在实践中存在难度,因为我们没有一个绝对统一的量刑标准,而且每个案子也确实存在不同的情况。如果我们向他们说明,可能会导致产生更多的分歧。因为实际上,被告人对很多事情的理解跟我们是不一样的。

张应林: 被告人的动机是否影响对其认罪认罚的认定,我的回答是影响

的。我觉得认罪认罚从宽制度适用的一个前提,是检察机关要仔细甄别,他是否是真诚的认罪悔罪,还是纯粹出于一个畏罪的心理,单纯为了求得一个从轻处罚结果。我觉得这个是有本质区别的,从操作路径上看,也完全可以量化。

樊　冰: 我认为是需要服从于公诉人的理解的,但是这个所谓的服从也要满足三点:第

一，嫌疑人认罪认罚应该是没有人胁迫的自愿具结；第二，是充分进行告知；第三，一定要嫌疑人的律师或者值班律师在场，让犯罪嫌疑人通过值班律师的讲话知道，检察官没有在骗他。

三、认罪认罚与上诉、抗诉的关系

江静良： 接下来我们探讨一下，认罪认罚是否意味着放弃上诉权，或者说上诉后是否意味着不再认罪认罚？检察机关是否可以进行抗诉？

樊　冰： 我们现在的刑诉法还没有突破两审终审制。这个案子中姜某在签订了认罪认罚具结书之后，获得了一个量刑上的减让，在一审宣判之后以量刑过重为由提起上诉，我觉得他的行为仅仅是行使他的基本权利，被告人不服一审判决提出上诉是刑诉法规定的、不能被剥夺的权利，所以我觉得认罪认罚并不意味着放弃上诉权。但我个人认为本案的姜某在证据没有发生任何变化的情况下，仅仅以量刑过重为由提起上诉，我觉得他属于认罪不认罚。

张应林： 被告人根据我们传统的事由提出了上诉，不能代表说他前期的认罪认罚是不成立的，或者被告人单纯是因为主观方面的变化而上诉，我觉得也是正当的，而上诉之后是否意味着他不再认罪认罚，我认为要区别来看。另外被告人的上诉能否成为抗诉的理由，我认为也要区别来看待，如果单纯的是以量刑过重来上诉的话，我觉得我们没有必要以被告人没有真诚的认罪悔罪为由提出抗诉，因为这违背了诉讼经济的原则。解决的路径很简单，没有新的事实新的证据，二审法院完全可以驳回上诉，维持原判就可以了。

陈怡怡： 我认为是应该抗诉，但是要分情况来看。第一种情况是，他提出来他的认罪认罚是在检察官的威逼利诱下做出的，那么如果真的有证据证实是公诉人欺骗他的，那么我觉得他的上诉权应该得到保障，到法庭也可以跟法官讲，他签下的认罪认罚具结书是由于重大误解才签的。第二种情况是，双方是达成一致的情况下签的认罪认罚具结书，但是法官判的刑期"上"了很多或者"下"了很多，他也可以上诉，相应的我们检察机关也可以提出抗诉进行救济。但是现在我们有一种很尴尬的情况就是法官判的刑期多了一点点或者少了一点点，这对我们检察机关的权威有影响吗？我认为当然有影响。针对本案中的姜某单纯是由于反悔上诉，我觉得抗诉是很有道理的。此处我们想通过认罪认罚从宽制度来体现我们检察机关的权威性，由于配套制度尚未跟上，反而有很多的牵制，中间还有许多需要再努力的地方。

肖　亮： 我先扮演下应林的反方。应林认为原则上检察机关不该抗，那么认罪认罚的这个权威性到底该怎么维护？如果我们碰到类似的情况不可以提出抗诉的话，我们怎么来维护认罪认罚的权威性？其次，适用认罪认罚的案件经过我们摸排，当中有将近一半的案件是涉及被害人谅解的，就是说最后的这个认罪认罚从宽协议是以被害人的谅解为基础的，但是最终认罪了但不认罚，置被害人的谅解于何地？被害人的权益该怎么保障？最后，经过我们摸排梳理，认罪认罚又上诉的案子，其中超过70%的上诉理由是量刑过重，只有极少数的上诉书中写明了"我就是想留在看守所服刑，不想被送到新收犯监狱"，但是这些认罪认罚又上诉的案子，最后以撤诉收场的也占到了70%以上。也就是说，他们表面的理由是量刑过重，但实际上我们推断估计就是想留在看守所服刑，但是他一旦留所了，就意味着整个二审程序的司法资源都耗费了。我们本来设置这个制度的目的是节约司法资源，但是最终没有实现这个效果，所以说如果没有抗诉这条途径我们怎么办？

下面我来扮演怡怡的反方，你觉得可以抗，那我觉得抗诉要慎重，一旦我们对适用认罪认罚案件提出抗诉了，对他们来说，可能代表着他们签署这个具结书是有风险的，本来想签的，但是一想到这种不利后果，就不签了，最终可能导致认罪认罚的适用率反而下降了，如果产生这个问题怎么办？另外，如果我们觉得提出上诉证明你"毁约"了，不认罪认罚了，所以我们要进行抗诉。那我举个反面例子，比方说自首，一审的时候我认罪交代，被认定自首了，一审也判决了，现在拿到一审判决后，我提出上诉，全盘翻供，那检察院可以说你现在什么事实都不认了，你的自首不能成立了，应该把一审认定你的自首，这个从轻减轻的情节全部剥离掉，从而提出抗诉可以吗？现在司法实践中还没有出现这种情况，如果这种情况不抗诉的话，那么本案也不可以抗诉。

孙丽娟： 被告人上诉是刑诉法赋予被告人可依法行使的诉讼权利，检察机关不能因为被告人上诉了就要提起抗诉，在刑事诉讼规则里也没有将上诉作为检察机关应当提出抗诉的情形予以规定。另外，假如上诉能够成为抗诉的理由，对于司法实践中简易程序案件当事人上诉，检察机关岂不都可以启动抗诉？事实情况并没有。我认为抗诉并不是应对被告人认罪认罚从宽处理后上诉的最佳途径。

陈丽莉： 反悔上诉，在认罪认罚从宽制度的初级阶段，我们是不是应该选择性地对一些案件进行抗诉？也就是让被告人知道，你一旦上诉了，我们会抗诉的，可能会给你带来更加不利的一个后果。一个制度刚开始的时候，他会有一个摇摆期和阵痛期，但是慢慢地，犯罪嫌疑人也能接受了，就是只要我认罪认罚了，就尽量不要去上诉，之后这个制度在推行的时候，也会越来越顺畅。

肖亮： 目前最典型的两个抗诉被法院支持的地方，一个是广州，另一个是杭州，据了解，法院支抗的理由就是无理由上诉，检察院抗诉依据是，提出上诉就意味着你已经不认罚，而且没有任何合理理由，在这种情况下，一审量刑的基础已经不具备了，所以他最终客观上造成了法院的量刑畸轻，也就是说，法院的判决错误不一定就必须是法院造成的，也有可能是第三方造成的，所以法院最终是采纳的这样一个抗诉理由。当然，为了保护被告人的上诉权，也有其他省份是没有采纳的。

朱佳琳： 我觉得其实对于我们检察机关来说，我们提出抗诉的成本是非常高的，不可能每个被告人上诉，我们都去抗诉，所以这个案例更多的是一种宣誓意义。

张应林： 我对三个问题进行回应。第一个是认罪认罚从宽制度的权威性如何维护的问题。法院驳回被告人上诉，维持原判，这是不是对检察机关适用认罪认罚从宽制度权威性的一种维护？我觉得是的。第二个是检察院是否可以像被告人一样进行"毁约"？我觉得是不可以的。如果我们像被告人一样，可以随意地去毁约的话，反而是对我们检察院权威的一种弱化。第三个是被害人在这个当中的角色。我觉得这个问题倒是比较棘手，这个问题换一种方式提问，就是求得被害人的谅解是否是认罪认罚从宽制度适用的前提？

我比较倾向于要求得被害人的谅解，对此，我认为我们可以创设一个空间，让愿意适用认罪认罚从宽制度的被告人、嫌疑人向被害人真诚悔过，赔礼道歉。

肖　亮： 这个问题非常有争议。首先，目前我们是想通过抗诉来解决问题，但这不是长远之计，这只能在短期内解决问题。其次，认罪认罚从宽制度本身有没有可以完善的地方，可不可以在配套制度方面做出改进？比如说，被告人认罪认罚了之后要上诉，可能要承担检察院提出抗诉的风险。另外，我们提出的量刑建议要精准化，我们要明确地告诉犯罪嫌疑人，你从轻的幅度是多少，如果你之后上诉，这个从轻的幅度是会被收回的。

戚永福： 我们还是应该全面地来看待检察官在刑事诉讼中的主导作用，尤其是实践中能否抗诉的问题，我个人觉得我国《刑事诉讼法》对于抗诉的事由进行了明确的规定，对于认罪认罚后又上诉的案子需要区分情况来进行不同的处理，总的来说，抗诉权的行使还是要慎重。我认为我们是不能对被告人的上诉权进行限制的，但是如果经过协商，被告人愿意放弃上诉权，这是可以的，因为本身认罪认罚从宽制度，包括庭审的简化，被告人也属于让渡了自己的部分诉讼权利，也就是说，被告人的诉讼权利是可以让渡的，但是你不能去剥夺，这是两码事。总的来说，对于认罪认罚上诉案子能否抗诉，我们还是要区分情况来看。

张　栋： 这么多年来，所有的改革最终的落脚点都是案结事了，所以认罪认罚从宽制度的目的根本就不是节省司法成本，而是案结事了。也就是说，这个制度真正的价值不是让一个不认罪的人他认罪了，而是我们让一个认罪的人他认罚了以后案结事了，所以这才是实践中这个认罪认罚又上诉的案例给我们带来这么大冲击的根本原因。

对于这几个问题，我觉得，首先，我们一定要守住检察权的权威，像案例中的这种情况，我们一定要理直气壮地进行抗诉。有些人认为被告人的动机不重要，其实我认为动机非常重要，不是法定事由，这种动机根本不在我

们诉讼法考虑范围之内，就不能支持他，我们整个认罪认罚从宽制度，认罚才是我们真正的落脚点。其次，自从有了认罪认罚从宽制度和现在实施的捕诉一体制度，检察官现在从侦查阶段开始，就可以提前介入，整个过程都在参与，到最后还有定罪量刑建议权，除了法律规定的法院可以不采纳检察院量刑建议的五种情况之外，法院都是要采纳的，但实践中这五种情况也很少的，因此实际上相当于侦查权、量刑权都在检察官手里，这个权力是非常大的。其实我更关注的是怎么监督检察官权力的行使问题。我的观点是非常旗帜鲜明的，必须维持这个制度的体面，参与方都遵守规则，认罪认罚从宽制度以后才能良性运作。

江静良：非常感谢各位检察官和专家的真知灼见，今天的讨论非常充分，虽然最后没有形成一个统一的意见，但是谈论的过程本身就给我们带来很大启发。我们办案不能关起门来办，很多时候需要站在更高的层面上来思考，达到一定量的积累以后，就有可能引发大的变革或者推动产生大的决策，所以我觉得一线办案实践是非常重要的，该争取的地方一定要努力去争取。最后，让我们再次对各位嘉宾的参与和支持表示衷心的感谢！

"四轮驱动"构建法律监督新格局

——新时代法律监督体系漫谈

- 时　　间：2018年9月26日
- 地　　点：上海市人民检察院
- 嘉　　宾：陈　波　最高人民检察院检察理论研究所副所长
  　　　　　刘　艺　中国政法大学教授、博士生导师，时任西南政法大学教授、博士生导师
  　　　　　王　戬　华东政法大学教授、博士生导师
  　　　　　孙万怀　华东政法大学教授、博士生导师
  　　　　　于改之　华东政法大学教授、博士生导师
- 召集人：王光贤　时任上海市人民检察院副检察长
- 文稿整理：徐向南

王光贤：今年的上海检察理论研究年会的一个环节是以法律沙龙的形式，围绕"新时代法律监督体系研究"这一主题展开讨论和交流。请各位专家充分阐释观点，表达真知灼见。

陈　波：法律监督实质上就是对公权力的制衡，是我们党和国家从历史和法律两大逻辑出发，所确立的有关政治、法律和自由的制度选择。监督不仅仅是检察监督，还有人大监督、监察委监督、社会监督和民主监督。我们的检察工作，既要从国际视野去思考、阐释其概念、内涵，更要放到党和国家的工作大局去思考和谋划。张军检察长提出，检察工作要达到双赢、多赢、共赢的效果。检察监督是督促公权力机关对有关事项进行重新审视、纠偏改错，而不是检察机关直接行使职权。目前，检察机关对各级监察委进行监督没有法律依据，因此，不能像监督公安、国家安全机关刑事侦查活动那样，对监察委职务犯罪调查活动进行监督。

新时代检察工作需要具有创新性。10月底，《刑事诉讼法》《人民检察院组织法》《检察官法》将提请人大常委会审议。各级检察机关内设机构改革目标日益清晰，高检院改革方案也呼之欲出。根据刑诉法修正案草案，检察机关对《刑法》中的三大类、14项罪名可以行使侦查权。"可以"是授权性规定，不等于完全行使，带有协商性，实践中首先要看是否影响各级监察委职务犯罪调查活动。对于各级监察委调查的案件，可以直接移送检察机关审查起诉。像办理公安机关、国家安全机关移送的案件一样，直接审查起诉，不需要重新立案。今后检察机关对《刑法》中的三大类、14项罪名行使侦查权，主要由刑事执行检察部门办理，这主要涉及证据采信问题，不属于法律监督范畴。

为适应国家防范化解重大风险、精准脱贫、污染防治三大攻坚战，**法律**

监督活动中刑事恢复性司法正在向民事行政诉讼中恢复原状等重视保护当事人法益的重大原则靠拢。比如，办理污染防治公益诉讼案件过程中，可以采取保全措施。

随着职务犯罪侦查职能的转隶，检察机关要通过培育新的工作亮点，进一步赢得人民群众的信赖和支持。加强民事、行政检察工作，开展公益诉讼，有利于解决行政机关不作为、乱作为，民告官困难、司法不公等难题，回应了人民群众的呼声。同时，检察机关要强化未成年人司法保护，扩大社会影响力。

刘 艺：在法学院校各部门法授课内容中，抗诉制度一般都放在相对次要的位置。我曾经对检察史特别是行政检察史进行梳理，发现相对于法院系统，检察机关的研究成果少很多，并且集中在两个阶段，2006—2011年、2012—2015年。这两个阶段分别对应检察机关两轮司法改革。

重塑新时代检察工作，必须对检察机关的历史进行梳理。"法律监督"一词最早见于文献，出自新中国成立后最高人民检察署副检察长李六如所著《检察制度简纲》，用于描述苏联检察，认为法律监督是苏联检察的主要任务，具体包括两项：一项是司法监督，另一项是一般监督。最高人民检察署成立之初有三个部门，其中就有刑事检察部门、行政检察部门。

我在《国家检察官学院学报》2017年第2期发表的文章中梳理法律监督的演变历程，谈到为什么本来法律监督包括司法监督和一般监督两项，到了1979年以后限缩在司法监督。原因在于1957年反右运动。1954年《人民日报》曾公开宣传检察机关最成功的典型经验是对行政违法进行监督，当时是郑州检察院提请河南省检察院监督河南省商务厅的一个案例。1957年反右运动爆发后对一般监督进行政治批判，主要是一般监督谈到至上监督，至上监督跟党的监督发生冲突。当时《人民日报》政论讲得非常清楚，一般监督这个手段还是要有的，但是要慎用。这个背景一直延续到1979年。当时检察院组织法修改时明确说检察院仍然是国家法律监督机关，但彭真同志在相关说明中讲到，检察机关的监督应该限定在刑事领域，不言而喻不能延展到民事和行政领域。所以从1979年以后很长时间检察院被称为刑事检察院。

从这些研究来看，法律监督是对检察机关宪法上的功能定位。宪法上明确，各国家机构根据性质和职能确定活动原则和方式。检察机关以法律监督的功能定位确立其和其他国家机关之间的关系。检察机关法律监督的功能定位是公权力内部结构的设置，也是国家政体的安排。检察监督强调监督的主体，说的是检察机关进行的法律监督。法律监督和检察监督两个概念只是角度的不同。检察监督或检察权与法律监督有高度重合性，法律监督职能与检察机关并非一一对应的关系，其他国家机构亦可履行法律监督职能。

梳理中国近代改革史会发现，对人的监督和对机构的监督分由两个机构履行并非新鲜事。清末政改，保留督政院、新的行政裁判所和诉政厅，就已经建立了这种新型模式。督政院对人进行监督，行政裁判所和下属诉政厅对机构进行监督。考察法律监督演变史和中国国情，研究新时代法律监督体系，不能局限于检察权层次，一定要提升到宪法的层次，而且不要急不可耐地用西方观念来审示我们现有法律制度。中国法学经过长期移植，引用大量西方制度，却很少梳理背后的理念和观念。我们要反思现有土壤，来对制度进一步发展提供我们的知识。经过这样梳理，我个人认为，很多问题如果放到国体层面来考察，解释的结论是不一样的。不能在实际操作层面，任意限缩和否定法律监督的范围和内容。从为什么设立专门法律监督机构这一宪法命题来看，法律监督可以由很多机关来做。机构之间的互相监督可以形成良性生态。比如，监察委对其他所有机构关系的基础是监察监督，检察机关对其他所有机构关系的基础就是法律监督，并没有根本性冲突。

第二个层面，面对新时代，我们需要有超脱现实的观念。法学实际上是现实生活的注释，现实发生什么，我们就解释什么。但有时候睁大眼睛看现实，却不知道现实是什么。设定目标便成了观念延展的动力。萨维尼对当代民法体系贡献特别大，他一直认为法学和国家学没有关系，国家学就是宪法和行政法学科。他在19世纪反复强调法学只包括两个方面：司法学和刑法学，不包括国家学。因为国家限制进行体系性阐述，无论如何都不能纳入法学范畴。国家学以现实存在的国家为基础，而法学则把国家看作行动者。两者虽然相辅相成，但不属于同一概念。但现在看来，法学 14 个基础学科，国家学是法学非常重要的门类。这么伟大的人，在那个时代都会局限地认为法律体系不是那么全面。

新时代法律监督包括哪些内容？我个人非常敬佩张军检察长在机构改革中把行政检察单独列出来。就检察机关的人员背景和长期着力点来看，支撑起这样一个机构，这个机构能有多大的作为，我们都持怀疑的态度。但是，从整个国家法律监督来说，三种类型的监督同时存在有其必要性。他能够在检察机关观念已经转变过来，人员已经准备好的情况下，搭起刑事检察、民事检察、行政检察和公益诉讼这个框架，我是很佩服他的勇气。

我感觉刑事检察、民事检察、行政检察各自的难点不一样。<mark>刑事检察是知易行难。</mark>刑事检察该怎么定位，它的机制、范围、程序，以及方法、着力点，弄懂这些并不难，检察机关和专家学者都已经研究得非常透彻。需要做的是在权威性和精细化上下功夫。当下并不需要过多纠结于概念，理念和观念确立起来了，在实践中进行概念的梳理就会简单。

<mark>行政检察是知难行难。</mark>首先检察系统很多人对进行行政检察监督并不认可，即使框架搭起来，很多人仍然认为在里面不会有所作为，并且害怕触动到政策底线。我讲到 1957 年对一般监督进行特别定性，到 1992 年有关职务犯罪侦查的司法文件中讲到办案中对行政机关和相关单位制发检察建议，在刑事监督的过程中延展行政监督，监督效果非常不好。

举个例子，从立法层面，检察机关对行政机关监督不需要从刑事方面去延展，相关的法律规定都有，但是检察机关没干过。《治安管理处罚条例》和《婚姻法》是新中国成立后最早制定的一批法律法规，到 2006 年上升为《治安管理处罚法》，都明确检察机关对公安机关行政执法活动进行监督。我曾问侦监部门有没有对公安机关行政执法活动进行监督，他们回答说只对公安刑事侦查活动进行监督。《治安管理处罚法》第 114 条明确，公安机关及其人民警察办理治安案件，不严格执法或者有违法违纪行为的，任何单位和个人都有权向检察机关等 3 个部门检举、控告。法律上规定，检察机关有对公安机

关行政执法活动监督权，但一直以来都没有落实。反思雷洋案，就是一个执法监督案件。当时执法监督工作没有展开，因为没有相关机制。

检察机关开展行政检察监督，一直放在行政管理的末端。当老百姓与行政机关发生纠纷提起行政诉讼，法院作出判决，检察机关基于法院审判中的问题，进行行政抗诉。本来依据法律，检察机关对行政机关的监督是全局性监督或者前置性监督，但现在却把监督权萎缩在最末端。这有历史的原因，也有对检察权和行政权关系认识上的偏差。因为有关监督业务没有开展，要对检察制度建构产生正确的认识非常困难。

十八届三中、四中全会后，对检察机关突然提出了很高的要求，要求对行政行为进行全过程监督。十八届四中全会涉及行政检察改革有三项，分别是公益诉讼、行政违法行为检察监督、强制措施检察监督。在对行政违法行为进行监督时，如果制发检察建议行政机关不服，检察机关还可以通过提起公益诉讼进行监督，也就是全过程监督。三者关系可以这样理解：对行政违法行为进行监督，重点是两个领域，一是行政强制性措施，对公民人身和财产造成影响；二是造成"两益损害"，通过诉讼方式进行监督。这是一个翻天覆地的变化，是对检察权提出从未有过的高要求。从中央顶层设计来说，这很有必要，因为我们进入了检察监督服务于国家大局的时代。从传统的大政府到如今的大治理，要把大量公共政策落实到具体举措中去，这个过程需要有机构去监督行政机关。

检察机关可以去监督，监察机关也可以监督，都在改革，都在发挥作用。检察机关进行监督要服务于大治理体系，服务于国家大局，不是纯粹司法性、规律性，而是要以国家大治理的方向性为目标。在整个国家治理环境中，发挥了应有作用，才会有相应的地位。检察机关和其他机关同时开展法律监督，既要履行好自己的职能，又要处理好与其他机关的关系，任务非常紧迫，形势非常严峻。

不少同志的年会报告围绕具体制度谈了很多，但理论挖掘不够深入，有些建议值得商榷。《行政执法检察监督机制研究》一文谈到行政执法检察监督的内涵。传统认为行政执法检察监督和行政诉讼监督是分离的，文中把二者合在一起，统称为行政执法检察监督。文章认为改革后的行政检察机构主要履行这两方面的职能，这样新的概念界定符合机构改革的需求。我个人对此持不同观点。行政检察监督与传统的刑事检察监督、民事检察监督相对应，都是全过程的监督。而执法监督、诉讼监督、执行监督，是行政检察监督的组成部分，不宜将行政执法监督的概念进行扩张。

《关于民事再审启动程序一元化的思考》一文谈到民事再审启动程序一元化。现在每年民事争议八百万件，加上执行案件一千万件，但检察院能够监督的案件量非常少，能够改判更少，原因有很多。社会需要民事检察监督，但现有的相关机制、程序设计、人员配备都不能满足需求，这是个很大的问题。我看过一个改革方案，建议成立三个民事检察厅。全国每年有这么多民事案件，要达到裁判统一尺度，达到对民事审判的威慑力，成立三个民事检察厅并不为过。民事检察监督要发挥威力，再审启动程序要变。高检院进行民事诉讼监督规则修改，前后的理念截然不同。以前的观念强调当事人权利救济，现在强调公权力监督。比较民事诉讼监督规则和行政诉讼监督规则，前者主要由当事人启动程序，依职权启动被限制得非常窄，后者依职权启动范围非常宽。这说明高检院民行厅对两个规则定位是不一样的，民事诉讼监督定位为当事人救济程序，行政诉讼监督重点是监督公权力和法院民事审判权，当事人不提出，检察机关依职权可以主动提出。这次高检院民行厅进行两个规则修改，民事诉讼监督理念发生根本性变化，不再视为一种救济程序，对当事人启动的权利进行限制，更多强调对公益、对法院公权力监督的定位。我非常赞同《关于民事再审启动程序一元化的思考》一文的观点。

公益诉讼试行两三年来，试点地区已经取得很大成效，积累了丰富经验。上海等非试点地区需要积极探索，加班加点，赶超先试地区。当前对公益诉讼认识、研究已经有许多共识，公益诉讼是一个通过实践推动理论深化的成功范例，诠释了陶行知的话"行是识之师，知是行之成"。年会有报告提出"四加一"的范围太小，但中国公益诉讼制度不是纯粹的公益救济制度，更是社会主义核心价值观特别是对公有制的修补，不可能全部放开，"四加一"的范围并不小。以食药为例，试点期间有28起，问题不是范围不够大，而是能不能办出有影响力的案件。

关于检察公益诉讼制度的调查权，试点方案给了检察机关调查权，但后来立法机关限定检察机关只在刑事领域行使调查权，诉讼监督不能行使这个权力。因此，有关司法解释只得把调查权改为调阅权、调查核实权，但这个权力一直很软。法院案件审理后制作卷宗需要一段时间，检察机关调阅卷宗要延后很久。公益诉讼制度把检察机关调查权写在司法解释上，司法解释也经人大审议，有法律效力，但实务中检察机关向行政机关调卷很难。2018年3月"两高"出台关于公益诉讼的司法解释，坚持把调查权写进去："人民检察院办理公益诉讼案件，可以向有关行政机关以及其他组织、公民调查收集证据材料；有关行政机关以及其他组织、公民应当配合；需要采取证据保全措施的，依照民事诉讼法、行政诉讼法相关规定办理。"但如果行政机关不配合，法律和司法解释中都没有明确其需要承担的责任和后果，导致调查权不是权力也不是权利，实践中难以发挥作用。对此，有专家提出制定公益诉讼法，这是美好愿景，但通过需要很长时间才能实现。我建议把修订《人民检察院组织法》作为契机，对各部门的调查权进行明确和界定。

公益诉讼的调查权和诉讼监督、刑事调查权都不一样，公益诉讼的调查权就是调卷权，只要拿到卷，就可以进行监督。没有任何部门愿意给检察机关这个权力，包括立法机关。把这个权力放出来后，谁都控制不住，谁也不愿意承担这个后果。无论行政检察还是公益诉讼制度，大家都谈到调查权的问题，理论层面没有问题，关键是能否从法律上获得强制力保障。

《行政公益诉讼判文中检察出庭人员表述相关问题研究》谈到检察人员在公益诉讼中的地位问题。针对公益诉讼这一独特制度，要进行细致的理论分析，不能直接移植、照搬刑事诉讼的框架，因为三大诉讼的价值目标截然不同。

我谈到对检察机关三类监督的认识，刑事检察是知易行难，行政检察是知难行难，民事检察知行并不合一，三类检察工作彼此有联系，可以互相借力。高检院成立公益诉讼厅、行政检察厅，但案件量太少，省级检察院也会是如此。实践中，大部分食药类、环境保护类民事案件很难单独提起，要借助刑事附带民事公益诉讼、行政附带民事公益诉讼来提起。这里面的法理在于：第一，这两类案件刑事制裁力度过轻，不足以保护公益；第二，行政附带民事公益诉讼既可追究行政机关的责任，又可追究直接侵权人责任。如果

"四轮驱动"构建法律监督新格局

把刑事附带民事公益诉讼、行政附带民事公益诉讼加以整合，只需要把相关罪名的刑事案件交给公益诉讼部门办理，便形成一个全新的检察监督格局。这样，检察机关借助刑事检察、行政检察的手段，再加上民事恢复性司法理念，不仅案件量可以上去，还可以办理很多食药类、生态保护类案件，形成独特的效果，但这还需要进行深入论证。

王光贤：今天的法律沙龙内容非常丰富，涵盖了刑事诉讼监督、民事行政检察和公益诉讼。刚才刘艺教授打了一个很好的基调。前面陈波副所长谈到高检院准备将侦查权放到刑事执行检察部门行使，我之前看过王戬教授的文章，论证需要设置专门的侦查部门，这样运行更加顺畅。接下来请王戬教授阐释一下自己的观点。

王　戬：8月，高检院组织15名学者赴全国各地调研考察"捕诉合一"的情况。当时张军检察长提出的思路是，通过推行"捕诉合一"撬动检察机关内设机构改革。今天，我再谈谈这段时间一些发展性的观点。

检察机关履行法律监督职能已有多年，我们要进行思考自侦转隶对法律监督体系的影响。刑事检察监督是我们的老本行，民事、行政检察长期处于相对次要的地位，公益诉讼是新生事物。检察机关要实现四轮驱动，但仍要思考主责主业是什么，在一个体系中总要有层次的划分。

如果把刑事检察移走，其他三项难以构成检察监督的核心内容。刑事检察是检察机关的根基，是检察机关社会影响力、生命力的源泉，当然另外三项也要开展。为了推动民事、行政检察和公益诉讼，检察机关在进行力量储备的同时，要去找案件，提升办案效果。

刚才刘老师谈到，在很多案件中检察机关做了不少事，但社会影响都不大。因此，我们要去思考，根据诉讼规律和监督规律，哪些事情是我们可为，哪些不可为。检察机关开展监督应该是诉讼监督，而不应该是一般监督。在

<u>诉讼中监督，检察权行使才有抓手，在监督中办案、在办案中监督</u>正是涉及这一内容。如果把审判监督扩大，在学理上涉及对司法终局性的不当干扰。如果对民事、行政程序过度干预，又涉及民事、行政权力、权利自我管理的内容。怎么样界定监督与被监督的关系，值得思考。近年来，感觉全国各地检察机关一直在奔跑，向四面八方奔跑。我们应该厘清自己的步骤和步法，哪些方面应该快跑，哪些时候应该慢跑。

调查核实权在民事、行政和刑事诉讼中有差异，但也有共性的内容。如果分散在各部门，行使起来会受到限制，因此要进行力量整合。自侦转隶后，法律授予检察机关对14项罪名行使侦查权。检察机关应以此为契机，同时梳理调查核实权，激活补充侦查权，不断储备侦查力量。通过自身改革，引领立法方向。资料上介绍，上海检察机关各刑事诉讼监督部门已办理11起典型案件，4起经过调查核实移送监察委办理。如果没有成立独立的诉讼监督部，这11起案件是否依然存在？在侦查力量储备上，检察机关要进行综合考量。

孙万怀：听了两位教授发言，感觉诉讼监督权无论由一个部门统一行使，还是分散在不同部门，都各有各的道理，可以先做起来再说。我更赞成刘教授的观点，不同领域的诉讼，价值目标、运行模式、监督方式都不尽相同。<u>民事诉讼讲究公平，刑事诉讼既讲究公平，又讲究正义</u>。如果把刑事侦查权、补充侦查权、调查核实权整合到一个部门行使，运行不一定顺畅。

刘教授讲到知和行的问题，这是一个很大的问题。首先是知的方面。监督权有强权力与弱权力之分，如果是强权力，很难得到其他部门认同。推行下去，难度可想而知。任何权力都包含两个基本要素：首先是影响力，表现为对资源支配力；其次是自制力，关系到权力是强权还是弱权的问题。很多监督权，包括调查核实权、补充侦查权，缺乏最终的自制力。监督分为两种

"四轮驱动"构建法律监督新格局

方式:一种是消极的方式,另一种是积极的方式。消极方式的监督可能是强权力,积极方式的监督通常通过诉讼的方式进行,显然不是强权力。针对食品药品领域的违法犯罪行为,检察机关通过诉讼方式进行监督,解决了很多问题。2009—2011年期间,在《刑法修正案(八)》生效前,上海市公安机关共移送审查起诉案件46件101人。2011—2013年期间,全市公安机关移送审查起诉案件1000多件1200多人,检察机关最终起诉1/3,不起诉达2/3。

在行的方面,首先要明确监督范围、监督体系的问题。涉及民事、行政检察监督,要把握好一些基本原则,如合法性原则、比例原则、人道性原则、公正性原则。静安区检察院顾文的文章就阐述了虚假诉讼的问题。文章列举了从裁判文书网上查阅到的虚假诉讼的情况。《刑法修正案(九)》生效前后,民事、刑事领域的虚假诉讼都翻了两番。我在思考,在这一领域我们应该怎样进行监督?当民事救济手段没有穷尽,作为刑事犯罪来惩治,这样的监督当然非常有力,但应该限定在一个什么样的范围内?从某种意义上讲,虚假诉讼罪已成为当事人、原告甚至律师头上的"达摩克利斯之剑"。如果监督不限定范围,导致虚假诉讼案件大幅度增加,刑法的手就会伸得太长。对于到底哪些算虚假诉讼,民诉法和民法领域都有争论。2012年的司法解释明确一般是恶意串通,但现在虚假诉讼案件大多与恶意串通没有关系。

我们进行法律监督,对监督方式、内容要进行明确,对监督举措、部门人员、权力分配、权力制约、体系原则都要进行设定,可以先有选择的进行探索。如果一开始设计特别完善,恐怕会成为空中楼阁。相反,一步一步走下去,一点一点探索会更有意义。

于改之:检察机关法律监督体系有四个组成部分,要厘清它们之间的关系,并进行优化整合。谈到整合,必须坚持一定的原则,如检察机关的职能定位,这是理念性的东西。任何制度设计,都是建立在一定的理念之上。

实体法和程序法既有区别,也有共通的

173

地方。面对法律制度缺位，一方面可以通过立法弥补，另一方面可以进行司法解释。在这方面，实体法上漏洞通过司法解释更容易填补。检察机关履行法律监督职能，如果制度缺位，进行司法解释就很困难，因此进行立法配套、制度完善就很重要。比如调查核实权，没有制裁措施作保障，很难落实到位。构建新时代检察监督体系，首先要进行充分论证，经过一定时期实践，再进行检讨、审视，并加以完善。

王光贤：今天参加法律沙龙的专家来自不同领域，跨越不同的专业背景。有时我们专注于自己研究的问题，想得太久、太多，最后钻了牛角尖进了死胡同，这时候我们就非常需要其他领域的专家以不同的视角给予理智、冷静的提示。我们要大胆探索，不断实践，进行科学论证，向立法机关建言献策，推动完善顶层设计，强化法律监督能力。再次感谢各位专家的精彩发言！

从审前主导到全程主导
——职能重构背景下检察机关刑事诉讼主导作用的发挥

- 时　　间：2019 年 8 月 15 日
- 地　　点：上海市人民检察院
- 嘉　　宾：谢鹏程　最高人民检察院检察理论研究所所长
  　　　　　叶　青　华东政法大学校长、教授、博士生导师
  　　　　　刘　艺　中国政法大学教授、博士生导师
  　　　　　万　毅　成都理工大学教授、博士生导师
  　　　　　王　戬　华东政法大学教授、博士生导师
- 召 集 人：陶建平　上海市人民检察院副检察长
- 文稿整理：祁　堃

陶建平：本次沙龙是对2019年上海检察理论研究年会主题的深化，进一步探讨检察机关的主导作用。我们从刑事诉讼开始，进一步去探究检察机关在所从事的职能活动中如何体现检察权能价值，进而如何更广泛地发挥主导作用。

一、检察机关刑事诉讼作用从审前主导到全程主导的变化原因

陶建平：根据我国刑事诉讼法规定，检察机关是唯一全程参与刑事诉讼活动的国家公权力机关，检察机关在公安机关侦查时可以行使监督权，在公安机关侦查结束后行使审查批捕和起诉权，在法庭上行使公诉权，在法院判决后对判决、裁定的结果和执行活动进行监督。检察机关的主导作用在2016年以前还局限于审前，但是随着以审判为中心的刑事诉讼制度改革的推进，特别是在认罪认罚从宽制度确立后，变成对刑事诉讼整个过程的全程主导。为什么会有这样的变化，又如何看待这种改变？

谢鹏程：针对这个问题，我们需要思考两个层面。第一，发挥检察机关主导作用的本意是什么？我认为检察机关发挥主导作用是指检察机关在多数刑事案件和多个刑事诉讼环节发挥主要作用，影响案件程序的选择或走向乃至裁判结果，这意味着检察机关在刑事诉讼中具有重要的，甚至是决定性的作用。但不能机械理解"主导作用"，不能认为检察机关在所有案件、所有程序、所有环节中都要发挥此种作用。

第二，最高人民检察院党组提出这个命题的时代背景是什么？契机是什么？从国际角度看，审判中心主义实际上是近代以来西方国家诉讼制度、刑事司法制度的基本主张。在20世纪八九十年代的西方社会，无论是大陆法系

还是美英法系，刑事司法体系面临着案件数量大幅度上升，司法成本居高不下这一共同问题。在无法增加法官人数的情况下，只能改革、创新程序，加强检察官作用，减轻法官和审判环节的负担。20世纪70年代，美国开始实施辩诉交易，法国、意大利在2000年后也开始实施，德国于2009年在刑事诉讼法中确立了类似于辩诉交易的认罪认罚从宽简易程序，可以看出这是国际刑事司法的潮流。20世纪80年代，西方国家特别是大陆法系国家的刑事司法制度改革，主要通过赋予检察院对部分刑事案件的实质裁决权，使部分刑事案件不需要法官裁决。因此，我们讲的检察官主导作用，是符合国际潮流的。从国内角度看，检察机关职能发生重大调整，反贪反渎转隶让少数检察人员有些信心不足，亟须增强这部分人员的信心、提振他们的士气。检察机关发挥主导作用，不仅满足客观需求，而且理论上也符合国际潮流。最高人民检察院提出此种主张，对于当前检察工作发展、检察制度改革完善具有积极意义。我们需要深入研究相关理论，促进全面落实。

万　毅：从历史起源来看，大陆法系国家流传着这样一则法谚，"刑事程序是检察官的程序"，或者"检察官才是刑事程序的主人"，其含义是检察官是刑事程序的主导者。但传统上大陆法系国家谈及检察官对刑事程序的主导作用，更多是强调检察机关享有广泛的刑事程序处置权。其根本原因是在传统大陆法系检察制度下，检察官"位高权重"：第一，在侦查环节中，检察官是侦查程序主控者。在大陆法系

国家，检察官是侦查权的法定主体，警察只是检察官的辅助机构，受"检警一体化"机制支配，检察官可以完全掌控、主导侦查程序。第二，在审查起诉环节，检察官手握起诉裁量权，掌控案件的走向，基于不告不理和诉审同一，检察官不起诉，法院就无法审判，检察官起诉什么，法院就只能审理什么。第三，在审判环节中，检察官是审判程序的积极推进者，承担着举证责任和控诉职能，并通过积极的举证活动和公诉行为，如量刑建议，来影响案件的走向和结果。第四，在执行环节中，检察官是执行权的法定主体，负责

指挥刑事裁判的执行。由此可见，在大陆法系整个诉讼理论和程序框架下，检察官的职权覆盖了从侦查、起诉、审判到执行的全部程序流程，深度介入并积极影响案件走向和命运。正是在这个意义上才有所谓检察官主导刑事程序一说。但要注意，传统意义上讲的检察官主导刑事程序，更多是强调检察官对程序的处置权，而不是对案件的实体处分权。

回到我国，随着案件量急剧增加，为解决案多人少问题，司法结构需要进行调整。立法者把轻微案件实体处置权向检察官倾斜以提高效率，这就是认罪认罚从宽制度的构建逻辑。这实际上代表了刑事程序一个新的发展趋势和方向，随着刑事案件的高发以及司法负担的加重，传统的刑事诉讼程序正在进行某种价值和结构上的变革，包括欧美法治国家在内，其刑事诉讼程序开始出现部分轻微案件的实体处置权由法官向检察官转移的改革动向，这方面最典型的是德国、瑞士等国的刑事处罚令程序和美国的辩诉交易。在这类程序中，检察官而非法官成为部分案件的实体决定者，亦因此，检察官对刑事程序的主导作用得到进一步增强。我国的认罪认罚从宽程序在立法构建中吸收了上述程序的核心理念和精神，毫无疑问也将进一步凸显检察官对刑事程序的主导作用。但即便如此，我们仍然要清醒地认识到，**虽然在认罪认罚从宽程序中检察官掌握了部分案件的实体处置权，但并不意味着检察官可以单方面决定案件，因为在形式上和程序上认罪认罚案件仍然需要经过法院的审判。**

二、刑事诉讼中发挥检察机关主导作用与以审判为中心的关系

陶建平：检察机关要在刑事诉讼中发挥主导作用，与以审判为中心的刑事诉讼改革之间，是怎样的关系？

叶 青：从现行《刑事诉讼法》来看，这个主导作用可以理解为两个方面，一是体现检察机关对诉讼程序的主导和推进，二是在具体诉讼程序中，检察官作为刑事诉讼职能的承担主体，要发挥决定性作用，主导某一诉讼环节的依法进行。一个涉案公民由犯罪嫌疑人变成被告人，就是检察机关主导、推动的。除法院直接受理的案件外，绝大多数刑事案件，检察院不提起公诉，

审判程序将无法进行，国家刑罚权最终也无法实现。尤其是在认罪认罚从宽制度的程序中，更体现了检察机关在其中的决定作用，从诉讼进程到当事人最终命运，法律已经明确规定了检察机关在其中的主导性作用。

但还要注意两个问题，第一个问题是检察官的几个角色。最高人民检察院原副检察长朱孝清在《检察机关在认罪认罚从宽制度中的地位和作用》一文中提出，在一般的刑事诉讼程序中，检察机关有五个角色，分别是犯罪的国家追诉者、案件的过滤把关者、程序分流调控者、合法权益保障者和司法公正维护者。在认罪认罚从宽制度中，检察机关又拥有了拟处理意见与辩方的协商者、案件处理的实质影响者和案件作特殊处理的核准者（限最高人民检察院）三个角色。对于前六个角色，我十分认同，但最后两个角色，我们还需进一步把握。第二个问题是在以审判为中心的刑事制度改革的大背景下，需要注意"两个尊重"和处理好"两个关系"。"两个尊重"，一是尊重法庭最后定案的权力和权威，二是尊重法官主持法庭审判进程和依法履行审判职责的权力。毕竟，以审判为中心刑事诉讼改革是以庭审实质化作为载体和保障的。两个需处理好的关系，一个是诉讼办案和诉讼监督的关系，另一个是为实现量刑精确化新设立的机制与现行法律法规之间的关系。比如，有人提出要建立审判前检法沟通机制，但这种机制使被告方完全处于不平等的诉讼地位，我认为是不合适的。公正和效率是司法永恒的主题，机制创新不能冲击一般诉讼价值，不能突破司法的基础和底线。

谢鹏程： 从历史逻辑的角度来看，实行审判中心主义后才有认罪认罚从宽制度，有了认罪认罚从宽制度才有检察官主导作用，在刑事诉讼中确立了检察官主导作用，它的意义就不局限于一种客观的地位和作用，而是逐步具有了责任担当和检察理念的意义。

王　戬： 从起诉视角来看审判中心，以审判为中心和以检察机关为主导是不冲突的。如果想实现以审判为中心，前提是必须实现有效控诉，不可能所有问题在审判环节让法院通过庭审完成。我们既要把制度激活，构建主动性的制度框架，实现有效控诉；又要强化实质性辩护，才能实现以审判为中心的诉讼格局。所以，实现以审判为中心，必须先实现检察官主导，二者不能割裂。

三、内设机构改革对检察机关刑事诉讼主导作用的影响

陶建平：现在检察机关的机构和职能发生了重大调整，原来部门是以职能或罪名划分，现在大多是以行权对象进行划分，这种调整对检察机关刑事诉讼主导作用的发挥会产生怎样的影响？

万　毅：现代社会分工越来越精细，世界各国检察机关都会向专业化发展，这是检察职能的内发性反应。检察机关内设机构改革是根据案件或对象设置机构，即案件专业化办理，特点是一个部门的检察官长期固定只办理某几类案件，这部分检察官办理该类案件的技能和经验，包括对证据和事实的认定、法律适用等能力，短期内势必快速提升。因为检察官拥有对整个刑事程序的主导作用，这种能力会传递到其他司法部门。在侦查和审查起诉环节，检察机关机构和检察官的专业化，会转化成对案件侦查主导或引导的能力。同理，在庭审环节，由于对事实认定和法律适用能力的提升，法庭审理中检察官会更专业和有底气，即便与法官有不同观点也敢于进行抗争。因此，机构改革是通过增强检察官专业素能，提升检察机关的主导地位，并在专业化水平上形成优势。随着检察官主导地位逐渐突出，要将专业化和精密司法最终内化成检察官的自我要求：在知识背景和司法技艺层面不辜负程序主控者的身份。

检察机关发挥主导作用，使得其同公安和法院的关系也会产生积极的影响和变化。对于公安和检察院的关系，法律规定两家要相互配合，但现实中检察院对公安很难制约也很难监督。随着检察机关主导地位观念的推广并受到认可，有利于塑造公检良性关系。但要注意，这并不是要提倡检察官指挥警察，凌驾于公安机关之上，而是主张引导或者主导，在确立检察机关程序

从审前主导到全程主导

主导者地位的前提下,让公安机关的侦查行为服从于检察机关控诉需要,构建一个"大控方"格局。这种"伙伴关系"式格局从长远来讲是有益的,尽管它是平等的,不是上下级,但依旧有主有从,侦查活动必须服务于检察官的控诉活动需要。对于检察机关与法院之间的关系,检察机关主导作用并不会冲击法院审判者、实体处分者角色,这里的主导更多是程序控制、程序处分。虽然检察院在认罪认罚案件中有量刑建议权,但程序上仍需要法院行使刑事审判权,并不是要架空法院,不是检察官和被告人达成协商,提出量刑建议,法官就必须照此判决,法官仍然需要对定罪和量刑的公正性进行审查。在认罪认罚从宽程序中法官成为检察官认罪认罚活动的审查者、监督者,不能把两者对立起来,认为检察官掌权,法官被削权,两者仍是起诉者和审判者关系,只不过由于现实司法需要,法院必须让渡部分实质性决定权给检察机关。从长远来看对检法两家关系不会有实质性影响和冲击,相反,这将是良性格局,所以我认为并不会冲击到审判中心主义。

陶建平:按照万教授所述,检察机关发挥主导作用可以矫治原先警检、诉审的关系,我有个疑问,在"大控方"格局下,警检之间形成伙伴关系,会不会和检察官的监督角色产生冲突?既然作为伙伴,又如何进行监督?

万 毅:我所说的"伙伴关系"是针对域外警检一体的上下级关系提出的,是指公安机关和检察机关既配合又制约的关系,配合中可以制约,制约也不忘配合,并不是说就放弃检察机关对公安机关的法律监督。其实,由于"大控方"的天然格局存在,加之侦查职能与控诉职能的天然亲和性,检察机关与公安机关之间肯定有相互协作、相互配合的一面,但检察官作为法律守护人,负有监督侦查的职责,以防范公安机关在侦查中违法滥权、侵害人权,因此,对于检察机关而言,既不能只讲监督不讲配合,也不能只讲配合而不讲监督。正是为了实现既是伙伴关系又能实施法律监督,大陆法系国家才反复强调,检察官的客观公正义务。换言之,虽然警检同属"大控方",系"伙伴"关系,但并不意味着检察机关必须与公安机关时时保持一致、事事保持一致,因为检察机关本身是司法机关,要谨守客观、中立、公正的司法官立场,必须以事实为依据、以法律为准绳作独立判断,该监督的就要监督,勇于监督、敢于监督,以监督为责。

谢鹏程： 我国现在的检警关系主要是监督关系，这是前提条件。在以审判为中心的诉讼制度改革进程中，警检关系正在发生调整和改变。中央政法委已经作出部署，要求检察机关派驻到公安执法办案管理中心去进行监督。这是中央推动检警关系发展的重要举措，但我们还是要立足现实，通过政策合法合理地逐步推进，不能一下跨越到"伙伴"关系，而且也不宜提倡"警检一体"。

四、发挥主导作用对其他检察职能的影响

陶建平： 实践中有价值的公益诉讼线索的发现仍然依赖于刑事案件，这种依赖究竟是我们需要去克服和避免的，还是由检察职能带来的必然结果？《刑法》作为所有部门法的保障，是最后一种保障手段，在刑事诉讼领域发挥主导作用，这种主导作用怎么影响或反作用于其他的检察权能，才能实现"良性互动"？

叶 青： 反贪反渎转隶之前检察院就开始探索公益诉讼试点，当时是通过职务犯罪为公益诉讼提供案源，转隶后公益诉讼案件的启动 80% 左右是依靠刑事案件，通过普通刑事犯罪附带民事公益诉讼来开展。现在公益诉讼案件线索来源之所以成为一大问题，是现有的机制没有衔接好，需要新的机制。其实问题的根源就是信息不共享，检察机关没有办法掌握线索，没有案源就无法进行监督。

刘 艺： 许多违法犯罪行为用传统刑事手段进行制裁的效果仅局限于个案，无法推动行业监管升级或者提升系统监管的效果。如一起医保费用诈骗案，犯罪嫌疑人以小恩小惠获取普通公民身份信息用于伪造生育信息套取生育保险，涉案人数超一千人，非法获利几千万元，但公安机关只追查出一百多名受害人，即使追缴损失也只有几百万元。但根据《社会保险法》等相关法律规定，以欺诈、伪造证明材料或者其他手段骗取社会保险

待遇的，由社会保险行政部门责令退回骗取的社会保险金，处骗取金额2倍以上5倍以下的罚款。对该类行为，行政制裁的力度远高于刑事惩罚领域的没收、罚金等手段。推动四大检察一体化就应该从办理刑事个案的单一视角转变为将个案与宏观的行政监管相衔接的角度，因为司法办案也是国家治理的一个重要环节，而且司法办案只有与行政治理、立法治理有机衔接起来，才能发挥出系统性与整体性功效。

建议刑事检察部门与行政检察部门精诚合作，将刑事案件线索及相关办案信息向行政检察、公益诉讼部门移送或者刑事办案部门联合行政检察部门形成专班，在办理刑事案件的同时，反向推动行政监管部门跟进监管，借助行政执法手段对相关领域进行规制；在这一过程中若发现行政执法机关怠于履行监管职责，则可考虑提起公益诉讼。在四大检察框架下，行政检察（包括公益诉讼检察）不应仅仅成为刑事案件不起诉时的补充机制，还应与刑事检察一道，共同推动检察治理成为国家治理中的重要环节。

陶建平： 检察机关如何处理主导、监督、治理的不同角色关系？如何有效发挥作用？

刘　艺： 进入新时代，按照国家治理改革的部署，检察机关突破了传统的行政诉讼监督者角色，将行政检察监督延伸到诉讼之前（即诉前程序）与诉讼之后（即执行监督程序），推动新时代中国特色行政检察监督体系的重构与重心转移。通过公益诉讼的诉前程序，实现检察权对行政行为的全过程监督。当检察机关发现行政执法问题并造成公益损害时，可发出诉前检察建议，如果行政机关不纠正违法行为或不履行监管职责，就提起公益诉讼。这时行政检察权特别是公益诉讼检察权，就可以对行政执法活动进行监督；而行政诉讼检察权对进入诉讼程序的行政活动和审判活动进行监督，包括对生效裁判、非诉执行或者判决执行进行监督。

司法制度是国家治理制度的分支，我国国家治理要求依法治国、依法执政、依法行政三位一体。因此，与西方的国家治理改革强调以社会为中心存在理念性的不同，我国国家治理强调党的领导、国家主导以及由具体机制来实现治理目标。检察公益诉讼制度是实现我国国家治理体系改革目标与治理能力提升的承接机制。如破坏环境资源类案件，无论是办理刑事案件还是办理公益诉讼案件，都应该和环境执法相衔接。

我国现在倡导环境执法是一种多元主体共治的体系，需要政府、企业、公民、司法等主体的共同努力。因为检察机关不同于审判机关，有主观能动性，借助检察公益诉讼程序可以将行政执法与司法程序衔接起来，因此，检察机关应成为环境多元治理体系的主导者与推动者。此外，检察行政公益诉讼制度与传统行政诉讼制度仅关注主观诉讼不同，更关注通过诉讼维护客观法律秩序的效果。因此，检察行政公益诉讼的运行也为国家治理机制的完善发挥了多方面作用。因此，可以说广义的行政检察（包括公益诉讼）是我国检察制度对世界检察制度的一项贡献，更是对我国国家治理改革的一大贡献。

但在新型的行政检察体系中要区分检察院在不同程序中发挥的是主导作用、监督作用还是治理作用，我觉得是站在不同角度得出的不同结论：如果放在国家治理体系中，检察机关是发挥治理作用，而且是借助检察公益诉讼机制发挥主导的治理作用，并非监督关系。而在行政诉讼检察监督中，检察机关与审判机关、行政机关之间是监督关系，且是最重要的一种监督关系。无论在哪一种程序中，作为法律监督机关的检察机关都可以发挥主导作用，并通过适用法律将执法、司法各方主体的行动进行协调，推动各方形成共识。这个共识包括行动共识和思想共识，且一定是发自内心认同的统一法治观。

然而，基于不同立场而达成的共识必须基于各方对行政检察、公益诉讼制度定位的认同。

因此，我认为"监督""治理"的功能定位都是相对而言，"主导"与"消极"的作用也是相对的。现阶段还是应该调整行政检察、公益诉讼检察改革的重心，将强化办案机制、理顺外部环境放在首位。特别是外部环境问题，若检察机关坚持视公益诉讼为行政执法在司法领域的补充执法机制，以双赢多赢共赢为目标，就应取消办案考核与排名制度，杜绝各级检察机关"为了诉而提起诉讼"，而将关注点放在办理能维护客观秩序、法律权威的案件上。

五、发挥主导作用对侦查权、调查核实权运行的影响

陶建平：《人民检察院组织法》赋予检察机关调查核实权，从发挥主导性作用的角度考量，检察机关应如何发挥好自行补充侦查权和调查核实权的作用和功能？

王　戬：按照《刑事诉讼法》规定，有两个阶段可以自行补充侦查：一是案件被公安移送过来后，可以发回补充侦查或自行补充侦查；二是在法院审理阶段，检察机关可以补充侦查。但实践中，检察机关自行补充侦查的案件数量非常少，这与侦查力量、能力及其他方面因素有关。现在检察机关需要打破以往等着别人"喂"证据的格局，努力打通证据关联，否则，有效控诉只是美好愿望。要盘活这项制度，检察机关必须变被动为主动，借助这次调整，用好补充侦查权。通过整合力量，增强线索发现能力。补充侦查、调查、核实三位一体构建力量，这是检察机关未来5—10年可以完善的方向。

谢鹏程：第一，所有的程序选择或者程序性决定都来自或取决于调查核实结果，因此，检察工作发展、检察机关主导作用发挥，永远须以调查核实为基础。第二，反贪反渎转隶以后，我们不能像过去那样依赖职务犯罪侦查权。处在新时代，检察职能发生重大调整，现有的对14个罪名的侦查权不是检察机关的反贪职能，而是一种法律监督手段，而且是辅助性手段，可以用它来发挥法律监督作用，但不宜将它作为法律监督的重要领域。我们一定要转变思想观念，才能在"四大检察"工作格局中认识检察工作，并谋求发展。

万　毅： 检察官作为刑事程序主导者，行使侦查权和调查核实权有重要意义。第一，作为起诉者或指控者，检察官不能没有侦查权或调查核实权。现在，尚未建立起控方证据理论，许多检察官出庭用的证据全部是由公安机关收集调取的，其实检察官在审查起诉环节重新收集和组织证据，应是常态。现在庭审证据大多不是检方收集的，检察机关离证据源非常远，但是作为指控者如果无法建立起与证据源的关系，就无法通过证据收集与调取有效组织进攻火力，也缺乏事实认定的亲历性。所以，检察官要有手段或途径直接获取相关证据。在研究域外检察制度时，我发现域外很重视侦查权，原因也正在于此。比如，在日本和我国台湾地区，年轻检察官成长的第一站往往是侦查部门。因为他们认为，检察官作为刑事程序入口者、把关者和主导者，如果不知道证据怎么产生、如何收集，就无法胜任检察官，其理念就是"精兵强将在侦查"。第二，作为侦查活动的监督者，检察机关如果不懂侦查，没有侦查经验和历练，又如何能够发现侦查中的问题和瑕疵呢？就如同猎人打猎，作为猎人，本身必须比猎物更精明、更狡猾，才能捕获猎物。第三，要运用好自行补充侦查权，检察官必须懂侦查。实践中检察官多从事批捕公诉，侦查历练较少，缺乏侦查技能和经验，让检察官自行补充侦查非常困难。根据之前的调研显示，检察机关自行补充侦查基本上限于在个案中对书证的补充，很难把它归入侦查的范畴。再加上立法对自行补充侦查的内涵与外延界定、能否使用强制手段等，都缺乏明文规定和相关司法解释。所以无论在立法层面，还是技术层面，都有巨大障碍，对自行补充侦查的实施不能期望太高。调查核实权也面临类似问题：调查核实权如何行使？如何保证调查核实权落到实处？这都需要基础理论研究来加以解决。

刘　艺： 行政检察的调查核实权和刑事侦查权差异很大。从国家权力配置看，立法机关不可能授权检察机关强制调查核实权去监督行政机关；但既然要监督，则需要调查。这种调查权的内涵是什么呢？通过梳理实践案件，我认为，无论是行政诉讼监督还是公益诉讼检察监督，都需要享有调卷权。根据当下进行的行政执法全过程留痕改革，只要法律授权检察机关监督行政执法行为，检察机关就可以调取执法案卷，并依法规定行政机关的答复期限，行政检察监督就能顺利地运行下去。修订后的《人民检察院组织法》已经明确了检察机关有调查权,可以作为调卷权的保障。如果司法实践还是遇到行政执法机关的阻碍,则可以借助政府信息公开向行政执法机关申请信息公开。

除此之外,检察院跟政府执法信息的共享还有其他办法,比如,建构起信息共享平台,或者像某省检察机关一样每年年底召开公益诉讼新闻发布会,通报配合和不配合的行政机关。这种通报对于推动政府建成法治政府、透明政府、服务政府十分有利。2019年4月底中办国办印发《法治政府建设与责任落实督察工作规定》,要求市县级政府每年要对外公布法治政府建设年度报告,内容包括行政诉讼监督案件量、公益诉讼负责人出庭率、公益诉讼胜诉率与败诉率等指标。需要特别强调的是,要分配好刑事检察和行政检察的执法力量,现在检察机关内行政检察人员储备严重不足。行政检察(包括公益诉讼检察)部门的人员不可能短时间内重构自身知识体系,而这项工作又需要兼具法律与政治意识,即不仅要有学识,还要有见识,更要有胆识与经验。因此,建议将行政检察监督(包括公益诉讼检察)的管辖实行集中管辖,以省为单位指定 2—3 个检察机关办理公益诉讼、行政诉讼监督案件,这样就可以集中培养行政检察和公益诉讼检察的专业性人才。

陶建平: 今天从刑事诉讼领域检察机关主导作用的发挥,聊到主导以后同诉讼各方之间的关系,又延伸到民事行政和公益诉讼检察,分析主导作用对"四大检察"的影响,最后讨论了主导与调查、侦查之间的关系。谈得有广度也具深度,非常感谢各位专家解惑支招,你们的真知灼见对进一步完善检察职能、更好发挥主导作用将起到极大帮助。再次感谢!

刑罚观的超时空漫游
——人工智能时代可预见的刑罚观的变化

- 时　　间：2019 年 4 月 10 日
- 地　　点：上海市人民检察院
- 主 讲 人：西原春夫　日本刑法学家、亚洲和平贡献中心理事长、早稻田大学名誉教授、原校长
- 翻　　译：王昭武　云南大学法学院教授
- 文稿整理：祁　堃

刑罚观的超时空漫游

张本才：为增进上海检察官与国际刑法大师的交流，进一步拓宽学术视野，今天我们非常荣幸地邀请到了日本著名的刑法学家、亚洲和平贡献中心理事长、早稻田大学名誉教授、原校长西原春夫先生，以"人工智能可预见的刑罚观的变化"为主题做一个学术讲座。首先我代表上海检察机关全体干警对西原教授的到来表示热烈的欢迎和诚挚的感谢。

西原教授致力于刑法问题研究和中日刑法比较，学识渊博，造诣深厚，著有《刑法的根基与哲学》《刑法总论》等著作20余部。他在日本司法界有极高的威望，曾担任日本法务省校正保护审议会的会长等重要职务。西原教授还是著名的教育家和卓越的社会活动家，曾任日本私立大学联盟会长、青少年育成国民会议议长，并于2015年创立了东亚国际法秩序研究协议会并担任会长。

西原教授专门来到上海市人民检察院，足见他对中日刑法交流的热忱之心和殷切之情。下面让我们用热烈的掌声欢迎西原春夫教授为我们做讲座。

189

西原春夫：尊敬的张本才检察长，尊敬的在座各位检察官。今天能够受邀在中国占据重要地位的上海市人民检察院演讲，我个人感到非常光荣。我第一次访问中国是在 1982 年，当时是代表早稻田大学和北京大学签订交流协议，在这之后的 30 年间我多次访问中国，应该说这次已经是第 88 次。1988 年由我提议中日之间开始中日刑事法学术交流，正是因为这个原因，我与中国的刑事法学者之间建立了非常亲密的友好关系。正是因为存在这种关系，从 1988 年之后的 30 年间我亲眼目睹了中国刑事法学发展。与当初相比，应该说是中国的刑事法学发展令人瞠目结舌。完全可以说中国的刑事法学的研究已经达到了可以与西欧发达国家并驾齐驱的高度。不过当与世界刑法学发展相比，我们不得不承认中国刑法学研究的历史相对比较浅。因此，今天我们通过回顾欧洲"学派之争"，来探索一下刑法学尤其是刑罚观可能的发展方向。

一、未雨绸缪，迎接即将到来的"奇点时代"

随着人工智能的发展，"奇点时代"将要到来。二十年之后，人工智能将超过人类大脑，由人类决定人工智能的时代势必结束，那时人工智能将实现自主决定。在"奇点时代"，刑法学会产生怎样的变化，或者刑法学是否有存

刑罚观的超时空漫游

在必要，都将成为问题。那时仅凭敲击键盘就可能作出比任何一名法官都更为公正准确的裁判，挑选出最适合的刑罚。那么，我们必须预测整个司法制度的走向，必须抓紧做好相应的准备工作，也必须考虑面对此种变化我们应采取的对策。

事情远不仅如此，一方面那时国家是否还会存在、是否还有存在的必要，尚未可知；另一方面人工智能发展带来的人类失业、滥用武器等问题，会使整个世界陷入混乱。人类必须竭尽全力防止这些令人担忧的事情发生。我认为，在那种场合下能够发挥敲响警钟作用的，正是那些能够对事物进行比较的法学家。我们应当思考的是，在"奇点时代"来临之前的二十年间，逐渐发展的人工智能会对我们的刑事司法，尤其是在刑事责任认定、刑罚的适用和执行等方面产生何种影响。

二、观史知今，回溯百年前"学派之争"

18世纪中期的英国产业革命，使整个欧洲的封建体制土崩瓦解，资本主义得到迅猛发展。在这种时代潮流影响下，科学技术也得到了迅猛的发展，并给予刑罚理论强烈影响，出现了有关犯罪与刑罚本质的"学派之争"。它对我们思考人工智能的发展会给犯罪观、刑罚观造成何种影响，有非常大的参考价值。

（一）古典学派诞生

欧洲的近代刑罚学诞生于启蒙主义思想，并以此为核心得到发展。15、16世纪以来，工商业逐渐发达，此前长时间支配整个欧洲的、属于农业经济中心的封建制度已成为社会发展的障碍。启蒙主义思想者坚决批判封建制度，尤其是冷酷的刑事司法制度，并由此开展各种运动。封建制度以世袭制度与身份制度为核心，将人差别化对待。要颠覆这种制度，只能主张人与人之间生而平等。此时，能够用作武器的就是刑罚中的"理性人观念"，即人是从出生就被平等地赋予了某种理性，并能遵从其理性采取正确行动的一种独立的

191

存在，并基于这一点形成了以权利、自由、民主、议会等为基础的国家制度。法国大革命之后，法国的国家形态就是以启蒙主义为支柱的议会制民主主义国家。在19世纪上半叶，由于几乎所有欧洲国家的革命都获得成功，因而这种国家形态也得以确定下来。启蒙主义思想对刑罚的原则、理论也造成了影响。如果说人是生而平等的，那么只要所实施的犯罪行为的质与量是相同的，势必要承担相同的责任，应自动地被处以相同的刑罚。作为近代刑法学起点的刑罚理论，就是以客观主义为支柱的古典学派，即"旧派"。

（二）近代学派兴起

纯粹的古典学派的刑法学理论并没有得到长时间延续。欧洲各国摧毁封建制度，建立民主主义国家之后，马上实现了产业革命，成功实现了资本主义的飞跃发展，同时也引发了一系列深刻的社会问题，犯罪现象发生很大变化，如犯罪数量急剧增加、犯罪城市化、由贫困人口与失业人口实施的犯罪大量增加等。此外，根据产业革命之后快速发展的医学、精神医学、心理学、社会学等学科的研究成果，人的素质与环境对人的行为有巨大影响，并且这种影响因人而异，各不相同。这些均从根本上动摇了古典学派的刑法理论基础。自然科学的发展，源源不断地向人类展现完全陌生的新知识，对此惊恐万分的人类情不自禁地陷入"自然科学万能论"中，并试图在犯罪和刑罚领域贯彻这种自然科学的研究成果，近代学派的刑法理论就是在这种氛围之下产生的。在19世纪末20世纪初，由意大利学派的学者率先倡导，德国学者李斯特完成体系化建设，形成了近代学派，即"新派"。他们认为，素质与环境对人的行为影响巨大，尤其是对犯罪行为会发挥决定性的影响。这在当时是非常有力的学说，并与古典学派、折衷主义的学说展开了激烈的学术论争。这就是著名的"学派之争"。

古典学派重视行为人所实施行为的违法性程度，属于客观主义；近代学派着眼于违法行为所体现出的犯罪人的人身危险性，属于主观主义。因此，古典学派追究道义性责任，认为刑罚的本质在于报应；而近代学派是以与人身危险性相对应的社会性责任作为刑罚的基础，认为刑罚不过是用来保护社会、防卫社会的一种手段而已。

（三）实证研究发展壮大

在近代学派与古典学派之间的"学派之争"之后，针对犯罪原因分析的实证研究得到了长足进步，并且由此产生了犯罪学、犯罪精神医学、犯罪心理学、犯罪社会学等学科，而且这些学科也逐渐从刑法学中独立出来，并发展壮大。如何将这些实证科学研究成果最大限度地应用于犯罪预防、犯罪人改造、犯罪人回归社会呢？研究这些问题的刑事政策学等学科也开始创建。

不过，我认为，新派刑法学也并未超越古典学派，成为世界刑法学的主流。古典学派认为刑罚是一种必要的恶，因此宣判刑罚与执行刑罚就必须控制在最小必要限度。而新派刑罚理论认为，犯罪的原因在于犯罪人的素质及其所处的环境，刑罚通过铲除这种素质与环境从而保护社会。因此，新派认为刑罚是一种善，这更容易走向让犯罪人享受刑罚"恩惠"的歧途。法西斯之后大家都在强调人权，显然新派的观念与人权观念相左。因此，当代刑罚学仍须以古典学派的理论为基础。

三、直面挑战，人工智能发展对刑罚观影响深远

在"奇点时代"到来之前，人工智能将持续而迅猛地发展。人工智能的加速度发展，会给犯罪观、刑罚观以革命性的影响，对于犯罪原因的科学分析会取得极大进步。如果人工智能可以查明犯罪原因，在"学派之争"的时代反复展开的有关"责任的本质究竟是道义性责任还是社会性责任""人的意识究竟是被决定的还是自由的"的论争，必将战火重燃。与犯罪论相比，更加受到重视的是刑罚论。随着实证科学的高度发展，人们开始从根本上追问刑罚究竟因何而存在，也必将重新探讨刑罚的种类、内容、刑期等问题。量刑论也会受到人工智能的指导，与此同时也必须对量刑论本身进行相应的改革，以便适应实证科学的发展。

作为刑罚学边缘学科的行刑学的重要性也将得到进一步提升。早在20世纪初期，德国的心理学家恩斯特·克雷奇默已经明确断定，人生来具有某种先天性气质，而且一旦确定无法改变，分别是精神分裂气质、狂躁抑郁气质、癫痫气质。正常人肯定是三种中的某一种，可能有强有弱，但绝不会由某一种气质转变为另一种气质。一个人所实施的犯罪也一定与他的气质相关。分

析气质，可以预防犯罪。精神医学深入研究后发现，在正常人与真正的精神病人之间还有另外一种类型的人，他们称之为异常性格，或者精神病气质。德国的精神医学家施耐特明确了世界上存在十种精神病气质的人。我认为，监狱可以对服刑人员按照气质进行分类，从而进行相应的犯罪预防教育。

人工智能若可以查明犯罪的原因，那么，究竟什么叫犯罪、犯罪的意义，显然都将发生改变。同时，对具有精神病气质的人的处理方式也要更新，因为这是与生俱来的气质所决定的犯罪，无法改变、不能改良，其人身危险性是永远存在的，这种情况下是否可以永远把他关在监狱里？这也是必须要思考的问题。

以上问题，我也无法当场给出非常明确的回答。但在今后二十年我们将会面对这些问题，今天的演讲就是为了向大家提供研究思路、指明方向，引发大家思考人工智能发展对司法实务将造成怎样的影响。如果我今天的演讲能够给大家带来些许参考价值，我将感到非常荣幸。谢谢大家。

张本才： 刚才尊敬的西原春夫教授结合百年前的"学派之争"，详细分析了在人工智能时代，刑罚论乃至刑法体系所要面对的巨大冲击和挑战，对刑罚理论发展、司法实务应对等问题做了深入地探讨。立足国际视野，紧跟学术前沿，深入浅出，娓娓道来，带领我们更深入地了解了刑罚，更深刻地理解刑罚理论和实务的发展前景，对我们履行好新时代的法律监督职能有极大的帮助和启发。最后让我们再次用热烈的掌声对西原春夫教授的精彩讲演表示衷心的感谢。